Adolf Sommerauer: Christlich Bayerisches Kochbuch

Allen bekannten und unbekannten Freunden,
die mir die Art meines Glaubens nicht übel
nehmen.

Adolf Sommerauer

Adolf Sommerauer

Christlich Bayerisches Kochbuch

Rezepte für Leib und Seele

Küche: Gertrud Sommerauer

Kösel-Verlag München

Kösel Sachbuch
Redaktion: Hermann Hemminger

CIP-Kurztitelaufnahme der Deutschen Bibliothek

Sommerauer, Adolf:
[Christlich Bayerisches Kochbuch]
Pfarrer Sommerauer's Christlich Bayerisches
Kochbuch: Rezepte für Leib u. Seele. –
München: Kösel, 1980.
(Kösel Sachbuch)
ISBN 3-466-11011-4

Zeichnungen: Walther Niedl, Wörthsee
Umschlag und Layout: Design Team, München
Gesamtherstellung: Kösel, Kempten
Printed in Germany
ISBN 3-466-11011-4

INHALT

EIN WORT ZUVOR

Zum Titel des Buches

Zunächst scheint die Klarstellung so einfach wie brutal zu sein: Wer für das Bayerische nichts übrig hat, kann das Christliche schätzen, und wer für das Christliche nichts übrig hat, kann immer noch das Bayerische – nicht zu verwechseln mit manchen Darbietungen des Fernsehens – lieben. Und wer weder für das Christliche noch für das Bayerische etwas übrig hat, ist selbst schuld.

Nun wird aber alles schwierig, wenn man zu viel nachdenkt. Ich muß zugeben: Wer weder auf das Christliche noch auf das Bayerische „steht", wie die Jungen höchst sonderbar heute sagen, kann immer noch jenseits irgendeiner weltanschaulichen oder geographischen Einschränkung einfach das gute Essen lieben. Dieser Leser, den ich etwas unwillig auch noch sympathisch finden muß, stört die Tendenz meines Buches. Sympathisch ist er mir aber auch deshalb, weil er die große Chance hat, sich irgendwann zu bekehren. Das tröstet immer.

Christlich ist an diesem Buch:

1. der Respekt vor dem täglichen Brot, das die Ehre hat, in den sieben Bitten des Vaterunsers genannt zu werden.
2. im Gebot der Nächstenliebe nicht bloß eine schwere Pflicht, sondern durch Gastfreundschaft und ein gutes Essen die eigene Freude an der Nächstenliebe zu entdecken.
3. durch das Essen das ganze Leben besser zu verstehen.

Bayerisch ist an diesem Buch:

1. den Respekt vor einer anderen Lebensweise mit einem zähen Selbstbewußtsein zu vereinen. Durch den Zusammenklang dieser Tugenden sind seelische Defekte selten.
2. mehr zu sein als zu scheinen. Wenn ich mich recht erinnere, galt dies einmal als spezifisch preußische Tugend. Sofern diese Tugend auch heute noch als spezifisch preußisch angesehen werden kann, ist sie eine der verborgenen Gemeinsamkeiten zwischen Bayern und Preußen, die glücklicherweise mehr im Verborgenen bleiben – gemeint sind die Gemeinsamkeiten.

3. die mäßige, nur im Krankheitsfall ernsthafte Rücksicht auf die moderne Zwangsvorstellung von den Kalorien.
Nachdem ich Sie, verehrter Leser, somit gleich am Anfang orientiert habe, ist dieses Buch noch so neu, daß Sie es an einen anderen verschenken können, der es dann wieder verschenken kann usw. Sie kennen ja wohl die Geschichte von der Oma, die eine an Weihnachten verschenkte Vase einige Jahre später und nach einem langen Umweg als Weihnachtsgeschenk zurück bekam. Möglicherweise wird also auch dieses Buch nach Jahren wieder zu Ihnen stoßen. Vielleicht werden Sie dann aber, inzwischen gereift, verstehen, was Ihnen jetzt noch fremd ist.
Sollten Sie bei der Lektüre einen nicht beabsichtigten Ärger eines „Zugereisten" empfinden, machen Sie es wie mit einem Krimi: Lesen Sie zum Trost zuerst den Schluß.

Für alle Rezepte

1. Die Mengenangaben gelten in der Regel für 2 Personen, mäßige Esser. Zu den Kochzeiten siehe das Beispiel bei „Der Dampftopf", Seite 69.
2. Der Verbrauch von Fett ist jeweils so gering angegeben, daß mancher Leser sich erst durch ein eigenes Experiment überzeugen lassen wird. Die vorgeschlagene Menge je nach Kalorienbedarf, Geschmack und gesundheitlichen Rücksichten zu verändern, wird nicht schwer fallen. Die ganz und gar persönliche, aber nicht unbegründete Meinung der Verfasser geht dahin: Wenn schon an der Menge gespart wird, kann man um des unvergleichlichen Geschmacks willen Butter oder Butterschmalz verwenden.
3. Auf gute Hilfsmittel für Soßen und Suppen zu verzichten, ist allenfalls ein Hobby für besondere Kochzirkel, keine Regel für dieses Buch. Mißverständnisse bei Gewürzen würden sich besonders drastisch auswirken. Es empfiehlt sich, vor der Übernahme eines Rezeptes, sofern dieses bisher unbekannt sein sollte, auf Seite 101 („Gewürze") über Gewürze nachzulesen.
4. Neben den Kochrezepten finden sich Denkanstöße für weltliche und geistliche Zusammenhänge, sozusagen geistige Rezepte. Diese stehen gleichberechtigt zwischen den Zutaten

für Semmelschmarrn und Milzwurst, gleichberechtigt auch in dem Sinn, daß es auch für sie Regeln gibt. Ein Kochbuch muß immer wieder einmal aufgeschlagen werden. Die Besinnungen sollen an dieser Wiederholung teilnehmen. Keine Suppe gleicht genau der anderen, die nach dem gleichen Rezept gekocht ist. So werden auch Aufnahmebereitschaft und Möglichkeit für angebotene Nachdenklichkeiten in verschiedenen Zeiten verschieden sein.

5. In aller Deutlichkeit: Eine in die Mahlzeit eingebrachte Erinnerung – Er-innerung! – kann in der Mahlzeit geschmacklich spürbar sein. Und sollte einmal die Köchin sich so sehr in eine Besinnung vertiefen, daß die Einbrenne anbrennt, dann ist das zwar nicht die Absicht der Verfasser, aber vielleicht ein Verlust, der sich an einer anderen Stelle des Lebens rentiert.

Gemeinsame Erklärung

Im wesentlichen stammen die Artikel von mir, die Rezepte von meiner Frau, wobei wir uns gegenseitig die Freiheit gaben oder nahmen, in die Kompetenz des anderen „hineinzureden" – mehr meine Frau in meine Texte als ich in die Rezepte. Wo ich aber doch bei den Rezepten eine eigene Meinung losbringen möchte, ist diese mit „AS" gekennzeichnet.

Adolf Sommerauer

12

SUPPEN

Die Suppe ist Auftakt, Vorbereitung, Einstimmung, also nicht bloß Vorspann ohne Bezug. Wie bei jeder ordentlichen Einleitung eines Aufsatzes oder einer Oper nimmt die Suppe das Hauptgericht nicht vorweg, aber sie stimmt darauf ein, deutet auch schon die Richtung des Ganzen an. Die Suppe kann einen farblichen Gleichklang oder Kontrast zum übrigen Essen herstellen, sogar kontrapunktisch wirken. Eine Regel, die von seltenen Ausnahmen bestätigt wird: Ein Essen ohne Suppe zu eröffnen, ist brutal, primitiv, vielleicht auch ungesund.

Eine Suppe zu kochen, erfordert mindestens so viel Kochkunst wie das Hauptgericht. Unter Umständen kann sie bei einer kleinen Mahlzeit sogar zum Hauptgericht werden. Die Suppe entwickelt die sanfteren Geschmackstöne, läßt also Fehler deutlicher erkennen. An der Art der Suppe kann der Gast ahnen, was er weiterhin erwarten darf – oder worauf er sich gefaßt machen muß.

Daß die Suppe dick macht, ist ein Rechenfehler. Man muß ja nur weniger essen, um ohne Reue zu genießen. Allerdings empfiehlt es sich bei der Suppe, bayerische Gewohnheiten etwas abzuändern. Wenn die Suppe wie ehedem in einem großen und tiefen Teller serviert wird, bedeckt sie in der bekömmlichen Menge nur den Boden, und außerdem wird sie durch die große Fläche zu rasch kalt. In einer kleinen Schale kommt sie in jeder Hinsicht besser zur Geltung. Aber eben: diese Geltung verdient sie!

Aufgeschmalzene Brotsuppe

Zutaten:
100 g altes Schwarzbrot, fein geschnitten
¾ l Wasser mit 1 geh. Teelöffel Fleischbrühe-Instant
Salz
1 große Zwiebel
15 g Butterschmalz
Pfeffer aus der Mühle

Zubereitung:
Zwiebel in dünne Ringe schneiden, in Butterschmalz goldbraun rösten, mit der kochenden Brühe aufgießen, mit Salz abschmecken und über die in den Tellern verteilten Brotscheiben gießen. Mit Pfeffer aus der Mühle würzen.

AS:*
In Bayern fragt eine Kellnerin manchmal, ob es geschmeckt hat. Bei dieser Suppe könnte man ehrlich mit Ja antworten. Diese Suppe ist freilich kaum in einem Wirtshaus zu haben, weil sie zu billig und also kein Geschäft ist.
Zu dieser Suppe passen ausgezeichnet Leber- und Blutwürste, zusammen mit frisch gekochten Kartoffeln. Alles paßt so gut zusammen, daß man die eben genannten Würste und Kartoffeln zum Teil schon in der Suppe essen kann.

* Adolf Sommerauer.

Krisenfest

Eigentlich wollte ich dieses Wort im Titel des Buches noch unterbringen. Meine Frau war dagegen und begründete ihren Widerspruch durch die Erfahrung und Prophezeiung, daß die Krisen zu zahlreich und zu unterschiedlich und also unkalkulierbar seien. Ich bin nicht ganz dieser Meinung. Wenn zehn Vorsichtsmaßnahmen vergeblich waren, aber eine einzige richtig ist, dann hat sich diese einzige gelohnt. Übrigens ist diese vorsichtige Rechnung keine Entgleisung des christlichen Glaubens.
Allen Einsprüchen zum Trotz begründe ich die Krisenfestigkeit dieses Buches damit,
– daß erstens überhaupt mit Krisen gerechnet wird. Es gehört zur modernen Lebenstechnik, sich an die Nähe des Unheils so zu gewöhnen, bis man das Unheil nicht mehr ernst nehmen muß.
– daß zweitens die gegenseitige Durchdringung von „christlich“ und „bayerisch“ es mit einigen Schwierigkeiten aufnehmen kann.
– daß drittens die meisten Rezepte in diesem Buch schon einige Krisen überstanden haben.

Kümmelsuppe

Zutaten:
10 g Butterschmalz
20 g Mehl
3/4 l Wasser
1 geh. Teelöffel Fleischbrühe-Instant
Salz
1 Teelöffel Essig
1 geh. Teelöffel Kümmel
1 Ei

Zubereitung:
Das Mehl mit dem Kümmel in Butterschmalz kaffeebraun rösten, mit kaltem Wasser aufgießen, würzen, 15 Minuten leicht kochen lassen. Suppe durchseihen und mit 1 Ei, verrührt mit 1 Eßlöffel Wasser, legieren.

Panadlsuppe

Zutaten:
1½ zwei Tage alte Semmeln
15 g Butter
¾ l Wasser
1 geh. Teelöffel Fleischbrühe-Instant
Salz
1 Ei
Petersilie und Schnittlauch

Zubereitung:
Die Semmeln sehr fein in Scheiben schneiden, in 15 g Butter langsam ganz rösch werden lassen. Öfter wenden. Wenn sie goldgelb sind, mit ¾ l kochender Brühe aufgießen, mit Salz abschmecken. Suppe 5 Minuten kochen lassen und dann mit 1 Ei, in 1 Eßlöffel Wasser abgeschlagen, legieren. Mit Petersilie und Schnittlauch anrichten.

Alles Lebendige

lebt davon, daß es anderes Lebendiges sich einverleibt. Dieses Wort ist es wert, ihm nachzudenken: einverleiben. Die übliche Unterscheidung zwischen lebendiger und angeblich toter, zwischen organischer und anorganischer Materie ist kurzsichtig und wird gegenwärtig an vielen Stellen von der wissenschaftlichen Forschung überwunden. Die Erkenntnis und die Anerkennung dieser Zusammenhänge muß zum Respekt führen vor allem, was meinem Leben dient, vor der Pflanze, dem Tier, insgesamt vor der Umwelt. Und außerdem kann ich in diesem Zusammenhang bereit werden, daß auch ich anderem Leben dienen muß und soll. Das gilt für jedes Verhältnis und jeden Beruf, vom Arzt bis zum Straßenkehrer, für Krankenschwestern und Gärtner, für Mann und Frau, Eltern und Kinder, Politiker und Künstler. Jeder ist sozusagen nur eine Durchgangsstation für empfangenes Leben, und erstaunlicherweise erfährt er so Entsagung und Bereicherung zugleich.
Christen werden dabei auch an Brot und Wein der Kommunion denken. „Nehmt hin und eßt, dies ist mein Leib, der für

euch gegeben wird", sagte Jesus bei seinem letzten Essen mit seinen Freunden und verband so diese einfache Mahlzeit mit der äußersten Macht des Geistes und des ewigen Lebens. Ein Mensch, der einmal dieses Angebot Jesu angenommen hat, dürfte kein Stück Brot mehr verkommen lassen. Darüber noch an anderer Stelle.

Anhang für Vegetarier

Ein Christ kann Vegetarier sein, aus verschiedenen Gründen, auch durch schockierende Erlebnisse. Er setzt sich nur dann in ein „vegetarisches" Unrecht, wenn er meint, sich aus dem geschilderten Kreislauf des Lebens ausnehmen und andere Leute, die sich anders ernähren, verachten zu können. Jeder normale Mensch empfindet Tierquälerei als eine Schande, und durch einen Besuch im Schlachthaus kann einem der Appetit auf Fleisch für eine Weile vergehen. Aber eine während eines Urlaubs verdurstete Pflanze ist auch ein trauriger Anblick, nicht bloß wegen der paar Mark, die auf diese Weise verloren gehen. Das Bewußtsein, daß ich ständig von anderem Leben lebe, muß mich nicht so trübselig stimmen, daß ich in den Spott einstimme: „Wie groß ist des Allmächtigen Güte, der eine frißt den anderen auf", sondern der Blick auf das Ganze läßt das Einzelne besser und demütiger verstehen, mehrt den Genuß durch Dankbarkeit.

Tomatensuppe

Zutaten:
300 g frische Tomaten oder 1 kleine Dose geschälte Tomaten (sind im Erzeugerland völlig ausgereift und sehr gut)
10 g Butter
1 geh. Eßlöffel Mehl
¾ l Wasser
1 Teelöffel Zucker
1 Spritzer Essig
2 Eßlöffel Rahm
1 Semmel
Salz
10 g Butter

Zubereitung:
Aus Butter und Mehl helle Einbrenne herstellen, die gekochten Tomaten oder den Inhalt der Dose in die Einbrenne einrühren, mit kaltem Wasser aufgießen, würzen, 20 Minuten kochen lassen, durchseihen. 1 Semmel in Würfel schneiden, in 10 g Butter goldbraun rösten und auf die Teller geben.

Saure Milchsuppe

Zutaten:
½ l saure gestockte Milch (Buttermilch, Dickmilch, Kefir)
¼ l frische Milch
⅛ l Rahm
Salz
1 geh. Teelöffel Mehl

Zubereitung:
Saure Milch langsam zum Kochen bringen, frische Milch mit Rahm und Mehl anrühren und in die kochende Milch geben, 3 Minuten leicht kochen lassen, mit Salz abschmecken.
Einlage: Frisch gekochte Kartoffeln.

AS:
Wenn meine Frau sich unabhängig von mir etwas Besonderes gönnen will oder wenn sie sich nicht ganz wohl fühlt, kocht sie sich die oben beschriebene Suppe.

Jedesmal, wenn meine Frau mit einem unserer fünf Kinder schwanger war, hatte sie in den ersten Monaten sehr zu leiden. Wenn sie gar nichts mehr essen konnte, half die Milchsuppe. Ebenso half die Suppe bei Beschwerden mit der Galle, trotz des dringenden Einspruchs des Arztes.
Wie bei meiner Frau sah ich bei manchen Auswanderern aus Niederbayern ein Leuchten über das Gesicht huschen, wenn die Rede auf diese Milchsuppe kam.
Ich habe ein paarmal versucht, an diesem Genuß teilzunehmen. Es ist mir nicht gelungen. Mich kann man mit dieser Suppe auf die Bäume jagen.
Woraus sich aus diesem besonderen und ebenso für andere Fälle ergibt, daß eine Angleichung des Geschmacks zwar weithin möglich ist, aber doch ihre Grenze hat.

Bei Mutter schmeckte es am besten

Dafür gibt es mehrere Gründe und womöglich einen Rat dazu:
1. Die Mutter kochte tatsächlich besser als die Ehefrau. Es wäre falsch, wenn eine Schwiegermutter gegenüber einer Schwiegertochter ihren Trumpf öfter und auch noch bösartig ausspielen würde. Es wäre falsch, wenn ein Mann oder eine Frau von einer Schwiegermutter prinzipiell nichts lernen möchte.
2. Bekannt ist die Geschichte von dem Mann, der ständig von dem besonderen Geschmack einer mütterlichen Suppe schwärmte, den die Ehefrau bei aller Mühe nicht erreichte. Als die Ehe-Köchin einmal die nach dem schwiegermütterlichen Rezept gekochte Suppe anbrennen ließ und trotzdem auf den Tisch brachte, strahlte der Ehemann: Endlich der ersehnte Geschmack!
Tatsächlich sind manche Spezialitäten der Kochkunst dadurch zu Ruhm gelangt, daß ein anders geplantes Rezept mißlang. Doch ist dies kein Grund, in ständiger Entdeckerfreude das Essen immer anbrennen zu lassen.
3. Die in vielen Beziehungen festgestellte Macht der Gewohnheit ist offenbar auch am menschlichen Gaumen

beziehungsweise im Gehirn wirksam. Ob und wie und wo diese Macht der Gewohnheit lokalisiert werden kann, weiß ich nicht. Ich bezweifle, daß es andere wissen, aber daß auch diese Macht geradezu eine Diktatur entwickeln kann, steht außer Zweifel.
Deshalb empfiehlt es sich, die Subjektivität jeder Gewohnheit einzusehen, auch beim Essen, den Vorteil einer guten Gewohnheit zu bewahren, sich aber von ihr nicht versklaven zu lassen.

Pfannkuchensuppe

Zutaten:
Zum Teig:
100 g Mehl
1 Ei
Salz
knapp 1/8 l Wasser

Zur Suppe:
3/4 l Wasser
1 geh. Teelöffel Fleischbrühe-Instant
Salz
Schnittlauch

Zum Ausbacken:
Butterschmalz

Zubereitung:
Aus Mehl, Ei, Salz und Wasser dünnen Teig herstellen, dünne Pfannkuchen auf der Pfanne ausbacken, erkalten lassen, nudelartig schneiden, in die Teller verteilen und mit der kochenden Brühe übergießen. Mit Schnittlauch überstreuen.

Geröstete Grießsuppe

Zutaten:
10 g Butter
2 geh. Eßlöffel Grieß
3/4 l Wasser
1 geh. Teelöffel Fleischbrühe-Instant
Salz
1 Ei
Schnittlauch oder Petersilie

Zubereitung:
Grieß in Butter goldgelb rösten, mit kaltem Wasser aufgießen, Fleischbrühe und Salz zugeben. Nach 15 Minuten mit 1 Ei, in 1 Eßlöffel Wasser abgeschlagen, legieren. Mit Schnittlauch und Petersilie auftragen.

Haferflockensuppe

Zutaten:
4 geh. Eßlöffel Haferflocken
Salz
1 geh. Teelöffel Fleischbrühe-Instant
1 Streifen Zitronenschale (ungespritzt)
1 Ei
Schnittlauch oder Petersilie
¾ l Wasser

Zubereitung:
Wasser mit Salz, Fleischbrühe und Zitronenschale zum Kochen bringen, Haferflocken einstreuen, ca. 20 Minuten leicht kochen lassen, durch ein Sieb streichen. 1 Ei mit 1 Eßlöffel Wasser verrühren, die Suppe legieren und mit Schnittlauch oder Petersilie anrichten.

AS:
Uraltes, nicht immer beliebtes Rezept gegen verschiedene Unpäßlichkeiten.

Irrtümer und Entwicklungen

Heutige Irrtümer im Kochen könnten sich teils aus der Verkennung früherer Arbeitsbedingungen ergeben, teils aus der früheren Armut des Volkes, auch aus dem heute noch wirksamen Diktat der früheren „besseren Kreise". Knechte und Mägde brauchten Kalorien, wenn sie zur Heu- und Getreideernte mit dem allerersten Tageslicht zur Arbeit antreten mußten und erst mit dem allerletzten Tageslicht in ihr Bett beziehungsweise ins Heu fallen durften. Die billigste Deckung des Bedarfs an Kalorien war durch fette Mehlspeisen und – schon seltener! – fettes Fleisch gegeben. Es ist ein gesundheitlicher und auch geschmacklicher Irrtum, daß trotz geänderter Arbeitsbedingungen die bayerische Kost nur zusammen mit dieser Verschwendung an Fett typisch bayerisch sei.
Bayern hat mit Österreich eine lange gemeinsame Grenze und durch die Donau eine uralte Verbindung. Es ist sonderbar, daß die österreichische Vorliebe für feine Mehl-

speisen kaum die Landesgrenze überwand. Noch heute kann man einen Kilometer diesseits oder jenseits dieser Grenze sehr Unterschiedliches vorgesetzt bekommen. Ausgezogene Schmalznudeln, Schmarrn, Dampf- und Rohrnudeln sind ein etwas schmales bayerisches Programm im Verhältnis zum nachbarlichen Reichtum. Allerdings kann man mit Hefeteig den Magen nie so sehr wie mit einer Torte verstimmen.
Daß Fisch und Wild bis vor einigen Jahrzehnten den besseren Familien vorbehalten waren, ist bis heute spürbar. Fisch und besonders Wild auf dem Tisch des einfachen Volkes hatte früher nicht bloß einen Wild-, sondern auch einen Wilderergeruch an sich, sei es daß der Hausherr selbst auf die verbotene Jagd ging, sei es daß er einem Wilderer das verbotene Fleisch zu einem „anständigen" Preis abkaufte.
Sofern auch heute noch Fisch und Wild nur durch ein „unterprivilegiertes" Bewußtsein eingeschränkt sein sollten, ist eine soziale Revolution fällig, wenn auch nur in so mäßigen Formen, wie in Bayern Revolutionen stattzufinden pflegen. Fisch und Wild sollen auch einen bayerischen Tisch bereichern, Fisch vor allem an Fasttagen, Fisch und Wild zusammen bei festlichen Gelegenheiten.
Daß die bayerische Kost entwicklungsfähig ist, kann durch geschichtliche Erinnerungen belegt werden. Die eingemeindeten Teile Bayerns – Franken und Schwaben, scherzhafterweise „Kolonialbayern" genannt – wurden weder in ihrer Sprache noch in ihren Essensgewohnheiten vergewaltigt, im Gegenteil: Ähnlich wie die alten Römer mit den alten Griechen, haben sich die Altbayern mit den Franken und Schwaben in einer Kultur- und Eßgemeinschaft zusammengeschlossen. Fränkische Würste und schwäbische Spätzle gehören also vollwertig zu den bayerischen Genüssen, nur in der sprachlichen Benennung ergaben sich geringfügige Änderungen. Sprachliche Umformungen sind aber im bayerischen Lebensstil kein Angriff auf die Substanz, sondern eher einer schwereren Zunge zuzuschreiben. Wenn ein Fremder in Bayern zwar nicht lesen, aber hören sollte, daß es heute „Böflamot" gibt, dann ist, sprachlich eingemeindet, das französische *Bœuf à la mode* gemeint. Dies ist ein Hinweis auf die Erweiterung der bayerischen Geschichte ins Internationale – um von den bayerischen Vereinigungen in den Vereinigten Staaten gar nicht zu reden.

Weil bayerisches Essen in mancher Hinsicht entwicklungsfähig ist, gibt es also selbst für einen Feinschmecker keinen Grund, den bayerischen Küchenzettel zu übersehen. Allerdings gibt es für die bayerische Bereitschaft, Fremdes und Neues zu übernehmen, eine Grenze. Es entspricht der bayerischen Mentalität, die einfache Qualität zu lieben, jede Übertreibung, jedes Auftrumpfen, auch „Gschieß" genannt, abzulehnen – mitunter recht derb abzulehnen. Respektiert wird, was geschmacklich bewährt und echt und spezifisch ist. Dagegen ist Filet mit Thunfischeinlage – leider nur ein Beispiel unter vielen! – bis auf die (in diesem Gericht nicht vorhandenen) Knochen unbayerisch. Die heute so beliebten wie unmöglichen Kombinationen widersprüchlicher Nahrungsmittel – „Erfindungen" wäre ein zu vornehmer Ausdruck – haben auf einem bayerischen Küchenzettel nichts zu suchen. Auch dann nicht, wenn dabei ein lustiger oder erträglicher Gesamtgeschmack herauskommen sollte. Im Zweifelsfall gilt für den bayerischen Gaumen der Charakter mehr als ein komischer Einfall.

Sollte jemand an Genüssen so übersättigt sein, daß er verzweifelt nach neuen Genüssen suchen muß, dann muß dem Bayerischen das Christliche zu Hilfe kommen durch die Erinnerung an das Fasten und die Volksweisheit, daß Hunger der beste Koch ist.

Kartoffelsuppe

Zutaten:
4 mittelgroße Kartoffeln
ca. 50 g Sellerieknolle
1 gelbe Rübe
1 kleine Stange Lauch
1 kleine Petersilienwurzel
etwas grüne Petersilie und Sellerie, fein geschnitten
1 geh. Teelöffel Fleischbrühe-Instant
etwas Bohnenkraut und Majoran
3/4 l Wasser
Salz
10 g Butter
1 geh. Teelöffel Mehl

Zubereitung:
Kartoffeln und Gemüse waschen, putzen, klein schneiden. In 10 g Butter andünsten, mit ¾ l Wasser aufgießen, Fleischbrühe-Instant und Salz zugeben, weich kochen. 1 geh. Teelöffel Mehl mit Wasser anrühren, in die Suppe geben, 2 Minuten kochen, würzen. Mit Schnittlauch servieren.

Falsche Hirnsuppe

Zutaten:
1 Würfel Hefe
10 g Butter
20 g Mehl
¾ l Wasser
1 geh. Teelöffel Fleischbrühe-Instant
Salz
Petersilie, Schnittlauch
10 g Butter
1 Semmel

Zubereitung:
Aus Butter und Mehl helle Einbrenne herstellen, Hefe einbröckeln, mit kaltem Wasser aufgießen, würzen, 10 Minuten kochen lassen. 2 Eßlöffel Rahm, Petersilie und Schnittlauch zugeben. Semmel in Würfel schneiden, in Butter goldgelb rösten, im Teller auf die Suppe geben.

AS:
Eine Erinnerung an schlechte Zeiten.

Kein Talent

Wenn Kochen eine Kunst ist, muß es auch Menschen geben, die für diese Kunst so wenig talentiert sind wie andere für Gesang oder Malerei. Es gibt diese Menschen. Wer mit Lust und Liebe und Begabung kochen kann, könnte die weniger Begabten und weniger Lustvollen auf dreierlei Weise trösten: Erstens sie bei mißglückten Versuchen nicht verspotten. Es kann unter Umständen eine Tat der christlichen Nächstenliebe sein, Genuß vorzutäuschen, obwohl man mit Sehnsucht an eine selbstgekochte Mahlzeit denkt.

Zweitens kann man behutsam zu Fortschritten in der Kochkunst ermuntern. Die großen Künstler der Vergangenheit haben sich nicht als Solisten bewundern lassen, sondern Schulen gegründet, damit auch andere lernen und mitkommen konnten. Es wird wohl stimmen, daß Lust und Fähigkeit für das Kochen zum großen Teil „vererbt" werden. Meistens – nicht immer – wird die Tochter oder der Sohn lernen, was die Mutter konnte. Immerhin gibt es aber auch in den wissenschaftlich erforschten Gesetzen der Vererbung Mutationen, Veränderungen, auf die man auch in der erblichen Kochkunst hoffen darf.

Der dritte Trost der Talentierten für die Unbegabten besteht darin, sie öfter zum Essen einzuladen und ihnen also den Genuß zu schenken, den sie aus eigener Anstrengung nicht erreichen können. Auch dieser Trost ist nicht so einfach und selbstverständlich, wie er zunächst scheint. Manchen Menschen – glücklicherweise sind es nicht viele – ist es nämlich ziemlich gleichgültig, was sie essen. Sie wissen nicht einmal, was sie gegessen haben, wenn man sie hernach fragt. Auch den Geschmack muß man lernen; vielleicht hatten diese des Essens unkundigen Menschen nie Zeit und nie Gelegenheit dazu. Vielleicht aber findet ein solcher Mensch alle Genüsse dieser Welt im hohen C eines Tenors versammelt und braucht also keine anderen Künste mehr. Wie also einen solchen Menschen „trösten"? Humor ist, wenn man trotzdem lacht – Humor kann auch sein, wenn man trotzdem kocht.

Kräutelsuppe (Gründonnerstagsuppe)

Zutaten:
50 g Kräutel
1 Teelöffel fein geschnittene Zwiebel
¾ l Wasser
1 geh. Teelöffel Fleischbrühe-Instant
10 g Butter
20 g Mehl
Salz
⅛ l Rahm
1 Ei

Zubereitung:
Helle Einbrenne aus Butter, Mehl und Zwiebel herstellen. Mit 3/4 l Brühe aufgießen, salzen, 10 Minuten kochen. Dann erst das sehr fein geschnittene Kräutel einlegen und noch einmal aufkochen lassen. Am Schluß 1 Ei mit etwas Wasser verrührt und Rahm dazugeben.

AS:
Ich habe diese Suppe erst durch meine Frau kennengelernt; sie schmeckt so gut, daß ich sie kaum als Fastensuppe empfinden kann.
Manche Speisen haben einen Erinnerungswert, der über eine Angabe im Kalender hinausreicht. Deshalb heißt bei uns diese Suppe so, wie oben in Klammern steht. Der aufgeregte und neu-gierige Lebensstil unserer Tage läßt eine Familientradition kaum noch aufkommen. Rezepte der Mutter können es mit dieser „Neu-gier" aufnehmen.

Grießnockerlsuppe

Zutaten:
1 Ei
ca. 2–3 geh. Eßlöffel Grieß (je nach Größe des Eis)
Salz
1 Prise Muskat
1 geh. Teelöffel klein geschnittene Petersilie
3/4 l Wasser
1 geh. Teelöffel Fleischbrühe-Instant
Schnittlauch

Zubereitung:
Ei mit Grieß anrühren, Teig muß weich sein. Mit Salz, Muskat und Petersilie würzen. Nockerl mit Teelöffel auf der Handfläche formen und langsam in die Brühe geben. Probenockerl! 20 Minuten leicht kochen lassen, mit Schnittlauch servieren.

AS:
Es geht ohne Fett, schmeckt nur dann nicht, wenn man ein Vorurteil in die Suppe gibt.

Milzschnittensuppe

Zutaten:
100 g Rindermilz
1 Ei
Streuwürze
10 g Butterschmalz
Pfeffer aus der Mühle
Majoran
1 Teelöffel fein geschnittene Petersilie
2 Semmeln
3/4 l Wasser
1 geh. Teelöffel Fleischbrühe-Instant
Salz
Schnittlauch
Fett zum Ausbacken

Zubereitung:
2 Semmeln, 2 Tage alt, in ca. 1/2 cm dünne Scheiben schneiden. Butter schaumig rühren, ausgeschabte Milz, 1 Ei, feingeschnittene Petersilie, Streuwürze, Pfeffer, Majoran zugeben. Die Semmelscheiben mit dem Brei bestreichen, in heißem Butterschmalz auf der bestrichenen Seite ausbacken. Wenn der Milzbrei noch reicht, auch die andere Seite bestreichen und goldgelb backen. Mit Schnittlauch in Fleischbrühe servieren.

AS:
Wird in unserer Familie und von Gästen als Galasuppe empfunden. Sie wertet jede Mahlzeit auf, erweckt unter Umständen sogar allzu große Hoffnungen auf die weitere Speisenfolge.
Auf keinen Fall paßt die Milzschnittensuppe zur Milzwurst auf Seite 49. Hier muß man vom bayerischen Gebirge lernen, das seine Gipfel klug verteilt.

„Jesus spricht: Ich bin das Brot des Lebens. Wer zu mir kommt, den wird nicht hungern; und wer an mich glaubt, den wird nimmermehr dürsten.“ (Johannes, 6,35.)

Semmeln oder Brötchen?

Fremdenverkehr verdirbt den Charakter. Aber wenn man alles abschaffen wollte, was den Charakter verdirbt, bliebe für den Menschen nicht viel Raum zum Leben. Also bleibt nur übrig, die Charakterlosigkeit zwar nicht zu beseitigen, sie aber einzudämmen.

Wahrheit zusammen mit Eindeutigkeit hilft dem Leben mehr als Anpassung, gekoppelt mit Zweideutigkeit. Wer in Bayern Semmeln als Brötchen verkauft, muß aus Semmelknödeln Brötchenknödel machen und eine umfangreiche, weil doppelte Erklärung für die Einheimischen *und* die Fremden, anfügen.

Es gibt zunächst einmal schwerere und leichtere sprachliche Verstöße. Aus einem Knödel einen Kloß zu machen, rührt wegen der bayerischen Vorliebe für Knödel beim Wirt und beim Gast schon sehr an das Zentrum des volksgebundenen Lebens. Ein leichterer Verstoß ist es, wenn einem Gast „der" Butter nicht paßt, weil er – schriftdeutsch richtig – an „die" Butter gewöhnt ist. Doch ist davon abzuraten, daß er diesen Irrtum der Einheimischen zum Anlaß für eine längere Belehrung nimmt.

Und warum soll man den Fremden, was sie essen sollen oder wollen, nicht in ihrer eigenen Sprache anpreisen? Erstens weil ein Gastgeber dem Gast sich selbst als Gegenüber anbieten soll, nicht bloß als einen Spiegel, in dem der Gast sich wie gewohnt beschaut. Zweitens weil kein italienischer Wirt statt Spaghetti „endlose Nudeln" auf seine Speisekarte schreibt. Und drittens „überhaupts"!

Somit ist dem Gast zu empfehlen, daß er sich die gängigsten bayerischen Bezeichnungen aneignet. Im Urlaub hat er Zeit dazu, und vielleicht macht es ihm sogar einen gewissen Spaß, wenn er den Hochmut dessen, der bezahlt, überwunden hat. Dieser Gast kann selbstverständlich erwarten, daß ein bayerischer Urlauber in Berlin – auch den gibt es – sich nicht sträubt, Eisbein zu bestellen oder Weiße mit Schuß, nachdem er sich vorsichtig erkundigt hat, was das eine und was das andere ist.

Ein Gast, der auf einer Speisekarte seine gewohnten heimischen Bezeichnungen liest, sollte sich durch die Geschäftstüchtigkeit des Wirts, der schließlich Unternehmer ist, nicht täuschen lassen. Unternehmer tun manches, was sie eigentlich nicht tun möchten. Auch wenn schriftlich ein Kloß angeboten wird, kann die bayerische Kellnerin ihrem sprachlichen und sonstigen Widerwillen durch die Lieferung eines etwas kleineren Kloßes Ausdruck verleihen, während sie einen durchaus mit preußischem Klang bestellten Knödel freundlicher und größer bringen würde. Übrigens ist nicht jede Entgleisung durch ein größeres Trinkgeld wettzumachen.

Auf feinere und nur nach längerem Sprachstudium verständliche Unterschiede sollte sich der Fremde lieber nicht einlassen. Er sollte nicht verstehen wollen, warum man einen Sauschwanz nicht in einen Schweineschwanz und Schweinsohren nicht in Sauohren umbenennen kann. Es gibt eine Verhaltensweise, die jedes Un- und Mißverständnis überbrückt: Schweigen und so tun, als wüßte man.

Kleines bayerisches Lexikon

Nachstehend einige der wichtigsten Übersetzungen: Knödel = Kloß. Semmel = Brötchen. Blaukraut = Rotkraut. Schweinshaxe = Eisbein. Topfen = Quark. Gelbe Rüben = Karotten. Schlagrahm (nicht ganz das Gleiche) = Sahne. Wammerl = Bauchspeck. Hackbraten = Deutsches Beefsteak. Fleischpf(l)anzl = Bouletten. Schwammerl = Pilze. Kräutel = Kerbel. Kronfleisch = Zwerchfell vom Rind.

FLEISCH – OHNE LENDE UND FILET

Fleisch kam bei unseren bayerischen Vätern nur selten auf den Tisch. Daß Not, wenn sie wie gegenwärtig in ihr Gegenteil umschlägt, in besinnungslose Verschwendung entarten kann, ist eine Erfahrung, die man leider auch in Bayern machen kann. Aber bayerisch ist das nicht.

Fleisch wird, wegen des die Hauptmahlzeit bestimmenden Geschmacks und wegen des Preises, in der Kalkulation einer Köchin immer eine besondere Rolle spielen. Bei zu wenig Sorgfalt für die Beilagen wird nur Protzerei und ein eintöniger Geschmack übrig bleiben. Aus dieser doppelten Rücksicht ist ein Braten den besten Rahmen an Beilagen wert.

Übrigens: Wenn ich doch einmal ins Gasthaus fremd gehen muß, bin ich mit Knödeln als Beigabe zum Fleisch immer noch am besten bedient; diese können nämlich, anders als Salat und Gemüse, unterhalb einer bestimmten Größe und Qualität nicht angeboten werden.

Relativ wenig Fleisch zu essen, ist gesund und auch noch volkswirtschaftlich richtig; denn bei der sogenannten Veredelungswirtschaft geht eine ganze Menge Nahrung „verloren“. Wer in mehrfacher Hinsicht bescheiden und sparsam essen möchte, was sicher christlich, hoffentlich auch bayerisch ist, muß da sparen, wo es sich in mehrfacher Hinsicht am ehesten „auszahlt“: beim Fleisch.

Schweinebraten

Zutaten:
400 g Schweinefleisch mit Schwarte
1 große Zwiebel
½ Zehe Knoblauch
Salz
Pfeffer aus der Mühle
1 Prise Kümmel
1 geh. Teelöffel Fleischbrühe-Instant

Zubereitung:
Fleisch waschen, trocknen, 2–3 Stunden vor der Zubereitung mit Salz, Pfeffer, Kümmel, der feinzerdrückten Knoblauchzehe und der in Scheiben geschnittenen Zwiebel einreiben. In den Topf ¼ l Wasser geben, Fleisch einlegen und fast weich dünsten, am besten im Dampftopf. Fleisch und Soße in die Bratenpfanne geben und unter den Grill schieben. Schwarte in 1 cm große Karos einschneiden, ca. 10–15 Minuten goldbraun werden lassen. Sollte die Soße noch sehr hell sein, dann Fleisch warm stellen und die Soße unter dem Grill bräunen. Wenn nötig, mit Wasser oder Knödelwasser aufgießen.

Beilagen:
Kartoffelsalat und Semmelknödel oder Kartoffelknödel.

Anmerkung:
Es ist unrentabel, eine kleine Menge Fleisch auf die übliche Weise im Rohr zu braten. Mit Dampftopf und Grill geht es sehr gut.

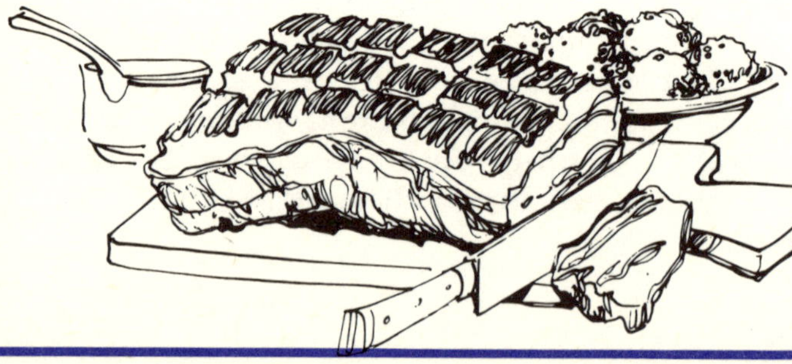

Kalbshaxe

Zutaten:
1 kleine Kalbshaxe
Salz
Pfeffer aus der Mühle
2 Stengel Petersilie
1 Teelöffel Mehl
1/8 l sauren Rahm
Streuwürze
1/4 l Wasser
15 g Butterschmalz

Zubereitung:
Fleisch waschen, trocknen, salzen, pfeffern, in Schmalz auf allen Seiten goldbraun anbraten, Petersilie, Streuwürze zugeben, mit Wasser aufgießen. Fleisch fertig garen. Mehl mit Rahm anrühren, in die Soße geben, aufkochen lassen. Die Soße kann auch ohne Rahmteigerl serviert werden.

Beilagen:
Teigwaren, gekochte Kartoffelknödel, Spatzen.

Das Reich und das tägliche Brot

Jesus lehrte so zu beten: „Vater unser im Himmel, geheiligt werde dein Name, dein Reich komme, dein Wille geschehe wie im Himmel so auf Erden. Unser tägliches Brot gib uns heute. Und vergib uns unsere Schuld, wie auch wir vergeben unseren Schuldigern. Und führe uns nicht in Versuchung, sondern erlöse uns von dem Bösen. Denn dein ist das Reich und die Kraft und die Herrlichkeit in Ewigkeit." Matthäus 6,8–13.
Das Gebet Christi umfaßt die äußersten Gegensätze menschlichen Lebens. Es enthält die Bitte „dein Reich komme". Eine Bitte, die so groß ist, daß man sie mit aller Phantasie nicht hinreichend umschreiben kann.
Neben dieser Bitte um das Reich aber steht: „Unser tägliches Brot gib uns heute", das Einfache, das Alltägliche. Das Vaterunser enthält in seinen Bitten eine ganze Lehre vom

Menschen. Es hält ihn weder für ein Genie, in dessen Nähe Alltäglichkeiten nicht erwähnt werden dürften, noch für ein Wesen, dessen Wert durch die Lohntüte oder ähnliche Angaben auszudrücken ist. Es hält ihn so knapp und so genau, daß man damit leben kann: für einen Menschen.
Mit dem Respekt vor Gott, wie er sich in den ersten drei Bitten des Vaterunsers ausdrückt, dann mit der Demut vor dem täglichen Brot, mit der empfangenen und gewährten Vergebung der Sünden, mit der Erkenntnis, daß Versuchungen kein Spaß sind – damit kann ein Mensch auskommen. Diese Lehre vom Menschen kann gebetet werden. Es ist kein schlechter Maßstab für unsere großen und kleinen Taten, für unsere großen und kleinen Gedanken, Wünsche und Träume, ob sie gebetet werden können.
Es gibt kein anderes Gebet, keine politischen Thesen, kein Gedicht, kein Lied, das so vielen Menschen auf dieser Erde gemeinsam wäre wie das Gebet Christi. Es ist eine eiserne Ration, wer weiß, für welche Stunde. Es kann aber auch ein Reichtum sein, der unseren Horizont erweitert bis zum Reich Gottes.
Daß Not beten lehrt, ist eine alte Weisheit. Christus ist mehr als eine Not. Keine Not, aber er konnte uns dieses Gebet lehren.

(Aus Adolf Sommerauer: *Diesseits und Jenseits. Training für mehr Leben.* 2. Aufl. Gütersloh 1979.)

Boeuf à la mode

Zutaten:
300 g mageres Rindfleisch

Zur Beize:
3/8 l Wasser
3 Eßlöffel Essig
1/2 Zwiebel mit 2 Gewürznelken besteckt
1/2 Lorbeerblatt
3 zerdrückte Wacholderbeeren
2 Streifen Zitronenschale (ungespritzt)
1 geh. Eßlöffel Fleischbrühe-Instant
Salz
(je nach Geschmack 1 Stück Soßlebkuchen)

Zur Einbrenne:
15 g Butterschmalz
20 g Mehl
1 Teelöffel Zucker
2 Eßlöffel saurer Rahm

Zubereitung:
Wasser mit den Gewürzen einmal aufkochen lassen, erkaltet über das Fleisch gießen. 3–4 Tage in der Beize lassen, hie und da wenden. Fleisch in der Beize weichkochen. Mit Butterschmalz, Mehl und Zucker dunkle Einbrenne herstellen, mit der durchgeseihten Beize auffüllen, evtl. etwas Wasser nachgießen, 20 Minuten kochen lassen. Fleisch in Scheiben schneiden, in die fertige Soße geben. Mit Rahm abschmecken.

Beilagen:
Semmelknödel, frisch gekochte Kartoffeln.

Rindfleisch gedünstet

Zutaten:
250–300 g Rindfleisch mager
Salz
Pfeffer aus der Mühle
1 geh. Eßlöffel Bratensaft-Instant
1 Zwiebel
40 g Speck
¼ l Wasser
4 Eßlöffel sauren Rahm
1 geh. Teelöffel Mehl

Zubereitung:
Fleisch waschen, trocknen, mit wenig Salz und Pfeffer einreiben. Speck in Würfel schneiden, ausbraten, Fleisch von allen Seiten scharf anbraten, Zwiebel in Scheiben geschnitten zugeben, leicht anbräunen lassen. Mit Wasser aufgießen, Bratensaft zugeben. Fleisch weichdünsten. Mehl mit saurem Rahm anrühren, Soße damit binden.

Beilagen:
Reis, Teigwaren.

Kalbskopf abgebräunt

Zutaten:
½ Kalbskopf
1½ l Wasser
Salz
Wurzelwerk (gelbe Rübe, Sellerieknolle, Petersilienwurzel)

Zum Panieren:
1 Eßlöffel Mehl
1 Ei
5 Eßlöffel Semmelbrösel
Pfeffer aus der Mühle
1 Teelöffel Streuwürze
40 g Butterschmalz

Zubereitung:
Kalbskopf waschen, in 1½ l Wasser mit Salz und Wurzelwerk weichkochen. Fleisch von den Knochen lösen, in eine Schüssel pressen und erkalten lassen. In Portionsstücke schneiden. Ei mit 1 Löffel Streuwürze, etwas Pfeffer und Wasser gut verschlagen, Fleisch zuerst in Mehl, dann in Ei und Semmelbrösel wenden und sofort in heißem Butterschmalz goldbraun backen. Mit Zitronenscheiben anrichten.

Beilagen:
Kartoffelbrei, Kartoffelsalat.

Redensarten

Es ist ein Trost, daß „keine Suppe so heiß gegessen wie gekocht wird". Eine Rede kann „gepfeffert" sein, und manchmal wird einem ein Spaß „versalzen". Auch bei einem Vergnügen kann „der Appetit beim Essen kommen", obwohl das Vergnügen „geschmalzene" Preise hat. Manche Gesetze sind „breiig", es ist aber gefährlich, bei Gericht „sich den Mund zu verbrennen". Bessere Leute nennen ihr respektables Einkommen ihre „Brötchen", und wenn schließlich alles schief gegangen ist, „dann haben wir den Salat", wobei freilich mancher für einen schuldigen und schlauen Men-

schen die „Kastanien aus dem Feuer holen“ muß. Wenn jeder die „Suppe, die er sich eingebrockt hat, auch selbst auslöffeln müßte“, ginge es gerechter zu auf der Welt. Doch ist es eine gewisse ausgleichende Gerechtigkeit, daß die „vielen Köche“, die sich reiche Leute leisten können, „den Brei verderben“.
Es wird oft behauptet, daß der Mensch aus Schaden klug werde. Das ist meistens ein Irrtum. Mehr Klugheit könnte ihm zuwachsen, wenn er nachdenklich essen würde.

Gekochtes Rindfleisch

Zutaten:
300–400 g Rindfleisch (Brustspitz, Zwerchrippe)
1 Stück Sellerieknolle
1 gelbe Rübe
1 Petersilienwurzel
1 kleine Stange Lauch
Grün von Petersilie und Sellerie
2 Pfefferkörner
1 Zwiebel halbiert, auf der Herdplatte angebräunt
1 geh. Teelöffel Fleischbrühe-Instant
1 Stück Milz und Leber
1 l Wasser
Salz

Zubereitung:
Gemüse waschen, putzen, in nicht zu kleine Stücke schneiden, in kaltem Wasser aufsetzen. Fleisch mit den Gewürzen in die kochende Brühe geben, weich kochen. Gemüse extra mit einem Stückchen Butter servieren.

Beilagen:
Alle Arten Gemüse mit Salzkartoffeln.

Kälberfüße abgebräunt

Zutaten:
2 Kälberfüße
1 l Wasser
Suppengrün
Salz

Zum Panieren:
3 Eßlöffel Mehl
1 Ei
Streuwürze, Salz
5 Eßlöffel Semmelbrösel

Zum Backen:
Butterschmalz

Zubereitung:
Kälberfüße waschen, der Länge nach spalten, in Salzwasser mit Suppengrün sehr weich kochen. Fleisch von den Knochen lösen, in eine Schüssel geben und erkalten lassen. In Portionsstücke schneiden, erst in Mehl, dann in gewürztem Ei und Semmelbrösel wenden. Sofort goldbraun backen, mit Zitronenscheiben servieren.

Beilagen:
Kartoffelbrei oder Kartoffelsalat.

AS:
Wunderbar, aber schwer zu bekommen, weil zu billig für Metzger und Käufer.

Rohes Wammerl gekocht

Zutaten:
400 g durchwachsenes Wammerl
¾ l Wasser
Suppengrün
1 geh. Teelöffel Fleischbrühe-Instant
Salz

Zubereitung:
Wammerl waschen, in die kochende Brühe geben, fertig garen. Nicht zu weich werden lassen. Das Fleisch soll noch einen „Biß“ haben.
Suppe mit geschnittenem Schwarzbrot und Schnittlauch auftragen, Fleisch mit Senf, Salz, Pfeffer und mit Brot essen.

Gespräch mit den Kindern

Als man das Wirtschaftswunder, wie es bei Wundern immer ist, zuerst bezweifelt und dann sich daran gewöhnt hatte, diskutierten wir mit unseren heranwachsenden Kindern über die Zweckmäßigkeit des Sparens. Die Kinder fragten, ob ich irgendeinen plausiblen Grund wüßte für eine nahende oder mögliche Pleite. Ich wußte keinen solchen Grund, schließlich

wußten auch die Fachleute damals, Anfang der siebziger Jahre, keinen solchen Grund, und manche wissen ihn heute noch nicht. Gegen die hemmungslose Zuversicht der Kinder konnte ich nur einwenden, daß es in unserem Leben, volkswirtschaftlich und persönlich, schon mehrfach bergauf und bergab gegangen war, und daß ich es für unwahrscheinlich halte, daß es fortan nur noch bergauf gehen soll.
Mir scheint, daß heute mehr für meine Meinung spricht, als vor acht oder neun Jahren. Mir scheint freilich auch, daß manche Menschen im Leben auf einem Standpunkt „sitzen bleiben", wie sie in der Schule nie sitzen geblieben sind und besser dort hätten sitzen bleiben sollen.

Rinderherz (Kalb, Schwein) gedünstet

Zutaten:
300–400 g Rinderherz (oder Kalb, Schwein)
20 g Speck
1 gelbe Rübe
50 g Sellerieknolle
1 kleine Petersilienwurzel
etwas Grün von Sellerie und Petersilie
1 Zwiebel
1 geh. Eßlöffel Bratensaft-Instant
1 Eßlöffel Tomatenmark oder 1 frische Tomate
Pfeffer aus der Mühle
Salz
1 Streifen Zitronenschale (ungespritzt)
¼ l Wasser
1 Teelöffel Mehl
3 Eßlöffel saurer Rahm

Zubereitung:
Herz waschen, von Fett und Sehnen befreien, salzen, pfeffern. Speck in Würfel schneiden und im Topf ausbraten. Das Herz dazu geben und von allen Seiten scharf anbraten, geschnittene Zwiebel kurze Zeit andünsten, das in Würfel geschnittene Gemüse, Tomate oder Tomatenmark, Bratenso-

ße zugeben und mit 1/4 l Wasser ablöschen. Weich kochen. Mehl mit Rahm anrühren, Soße damit binden, aufkochen lassen.

Beilagen:
Reis oder frisch gekochte Kartoffeln.

Gulasch aus Rind- oder Schweinefleisch

Zutaten:
300 g Fleisch, mager
20 g Butterschmalz
300 g Zwiebeln, in Scheiben geschnitten
1 gestr. Teelöffel Paprika edelsüß
1 gestr. Teelöffel Rosenpaprika
1 geh. Teelöffel Bratensaft-Instant
Salz
1 Prise Zucker
1 Tomate oder 1 Eßlöffel Tomatenmark
3/8 l Wasser

Zum Binden der Soße:
1 geh. Teelöffel Mehl
1/16 l saurer Rahm

Zubereitung:
Fleisch in 3 cm große Würfel schneiden, nicht salzen (Fleisch bleibt saftiger), in heißem Butterschmalz anbräunen lassen. Zwiebel andünsten, Bratensaft, Gewürze und Tomate dazugeben, mit Wasser aufgießen, fertig garen. Mehl mit Rahm verrühren, Soße damit binden, nochmal aufkochen lassen.

Beilagen:
Frisch gekochte Kartoffeln, Makkaroni oder Spaghetti.

„Der Mensch lebt nicht vom Brot allein, sondern von einem jeglichen Wort, das durch den Mund Gottes geht.“ (Matthäus 4,4.)

Traum von einem Wirtshaus

Meistens träumt ein Mensch in seinen Tagträumen – von denen ist hier die Rede – nach vorwärts. Er malt sich etwas aus, das ist sein Recht und genau betrachtet fast die Hälfte seines Lebens. Es gibt auch die nach rückwärts gerichteten Träume, auch die haben ihr Recht, wenn sie durch den Glauben so weit abgebremst werden, daß sie nicht zum Ärgernis über Versäumnisse, zum Vorwurf gegen Gott oder das Schicksal entarten. Solche Träume zu erzählen kann sinnvoll sein, denn vielleicht werden sie von irgendjemand aufgenommen, der sie bis zur Verwirklichung weiterträumt.
Meine Frau und ich malen uns hie und da aus, was wir tun würden, wenn wir noch jung wären, wenn wir ein Wirtshaus hätten und also Wirtsleute wären. Dabei ist dieser Traum – wie die meisten Träume! – nicht völlig aus der Luft gegriffen.
Meine Frau liest mit großem Interesse die Speisekarten, die an Gasthäusern und Hotels neben dem Eingang aushängen. Sie schimpft über die Vielfalt und verdächtigt sie als reine „Büchsenwirtschaft“. Vielleicht wirkt auch dieser Ärger mit, daß sie für „ihr“ Wirtshaus an einem Tag aus organisatorischen und geschmacklichen Gründen nur drei Speisen ankündigen würde – diese aber müßten weithin bekannt sein.
Weil ich vom Kochen nichts verstehe, meine Träume also durch praktische Rücksichten nicht behindert werden, reicht meine Fantasie noch um einiges weiter. Ich möchte eine Gaststube haben, mit einer großen Kochgelegenheit in der Mitte. Außen herum sollten Tische stehen für höchstens 20 bis 30 Personen. So könnte jeder Gast wenigstens in der Schlußphase an der Entstehung des Essens teilnehmen, unter Umständen sogar aktiv durch gelegentliche Dienstleistungen wie etwa Putzen des Salats. Für diese Idee hat meine Frau nur ein mildes Lächeln übrig. Ich aber male mir aus, daß ich zu einem solchen Gehilfen sagen würde: „Würmer und anderes Getier sollten im fertigen Salat möglichst nicht mehr ihr Auskommen haben, im übrigen aber gehören zum Salat nicht bloß die gelben Herzblätter, sondern auch die grünen und etwas verkrüppelten Blätter außen herum.“
Ich träume noch weiter, gebe aber zu, daß es mir noch nie gelungen ist, von meiner Frau auch nur die winzigste Chance

für diesen Traum zugestanden zu bekommen. Zum Mittagessen, zum Kaffee und zum Abendessen dürfte keineswegs jeder kommen, nicht jeder „Dahergelaufene“, sondern nur ausgewählte Gäste nach vorheriger telefonischer Erkundigung und Anmeldung. Jeder Gast müßte etwas besonderes sein, zum Beispiel ein Minister, aber wie gesagt: nicht jeder; oder ein Künstler, bekannt oder unbekannt; oder ein freundlicher, interessierter Normalmensch, also durchaus etwas besonderes; oder ein Direktor, der einsieht, daß er hier nichts zu dirigieren hat; oder ein Vagabund, der alle Züge des Lebens verpaßt hat und schlitzohrig seine Freiheit genießt; oder ein Schreiner, der Möbel ohne Spanplatten macht; oder ein Nachbar, von dem ich meine, daß er mich noch nie betrogen hat, von dem ich annehme, daß er mich nicht betrügen wird. Und so weiter.

Alle diese Leute würden mit der Zeit mehr oder weniger miteinander bekannt werden, und es ist selbstverständlich, daß keiner sich einen Platz an einem Tisch unter dem Gesichtspunkt von Geld und Geltung aussuchen dürfte.

Die Speisenkarte ist von besonderer Art. Sie enthält wie gesagt nur drei Möglichkeiten, manchmal auch nur zwei oder manchmal vier, aber rechts, wo üblicherweise die Preise stehen, steht nichts. Denn jeder Gast könnte nach seinen Verhältnissen bezahlen, also einer für eine Tasse Kaffee 20 Pfennig, ein anderer 20 Mark, beide aber müßten sich als gleichwertig empfinden. Damit Sie, lieber Gast in meinem erträumten Wirtshaus, sich nicht zu rasch auf die praktische Seite meiner Frau schlagen, erinnere ich daran, daß Sie sich in einer ausgewählten Gesellschaft befinden. Obwohl ich von der Psychologie lange nicht so viel halte wie die Psychologen, lasse ich sie an dieser Stelle doch ein wenig mitreden. Der mit den 20 Pfennig könnte denken und herzeigen: „So einer bin ich, so arm, und gehöre trotzdem dazu.“ Und der mit den 20 Mark könnte denken und auch ungeniert sehen lassen: „So einer bin ich, so reich, und gehöre trotzdem dazu.“

Sofern dieser Hinweis noch notwendig sein sollte – mein erträumtes Gasthaus strotzt förmlich von Christlichkeit: Respekt vor dem Essen, den anderen Freude machen, einem armen Menschen helfen, ohne ihn zu demütigen, die Fantasie üben, Menschen zueinander bringen, eine lohnende Unterhaltung ermöglichen, den Hochmut abbauen, Vorurteile korrigieren, nicht bloß den Rotariern und ähnlichen Vereinen wirksame Querverbindungen überlassen, mit einem erweiterten Horizont Zeitung lesen, weniger dumm als üblich daherreden – reicht das etwa nicht? Trotzdem: und so weiter. Dieses Wirtshaus ist ein Traum. Deshalb ist das Leben so, wie es ist. In vorsichtiger Erwartung von Wundern melde ich die Idee nicht als Patent an, damit jeder die Idee weiterspinnen kann. „Spinnen" hat bayerisch ausgesprochen den Klang von „nicht ganz zurechnungsfähig", aber auch die Bedeutung von „austüfteln". Sollte bei irgendeinem Menschen beides zusammenfallen, dann hätte mein Traum doch einige Aussicht auf Realisierung. Hoffentlich vergißt der Chef dann nicht, mich einzuladen.

Hammelfleisch gedünstet

Zutaten:
300–400 g Hammelfleisch mager
2 Eßlöffel süßen Senf
Salz
Pfeffer
½ Knoblauchzehe
1 Streifchen Zitronenschale
30 g Speck zum Braten
1 große Zwiebel
1 geh. Teelöffel Bratensaft-Instant
1 Prise Zucker oder 2 Eßlöffel Saft von Essigzwetschgen
1 Teelöffel Mehl
1/16 l saurer Rahm

Zubereitung:
Fleisch waschen, trocknen, leicht salzen und pfeffern, mit Senf und zerquetschter Knoblauchzehe einreiben. Speck ausbraten, Fleisch von allen Seiten anbräunen, Zwiebel leicht mit anrösten, Bratensaft, Zucker oder Zwetschgensaft zugeben, mit ca. ¼ l Wasser aufgießen, fertig garen lassen. Mehl mit Rahm anrühren, die Soße binden und nochmal durchkochen lassen.

Beilagen:
Gekochte Kartoffelknödel oder Reis oder breite Nudeln.

Rindsrouladen

Zutaten:
2 Rouladen
2 handgroße dünne Scheiben Speck
1 kleine Zwiebel
1 geh. Eßlöffel Petersilie
2 Eßlöffel Senf
Salz
Pfeffer
etwas abgeriebene Zitronenschale
1 geh. Teelöffel Bratensaft-Instant
¼ l Wasser

Zum Anbraten:
20 g Butterschmalz
1 Zwiebel
Wurzelwerk (gelbe Rübe, Sellerieknolle, Petersilienwurzel)
1 geh. Teelöffel Bratensaft-Instant
¼ l Wasser

Zur Soße:
3 Eßlöffel sauren Rahm
1 Teelöffel Mehl

Zubereitung:
Fleisch waschen, trocknen, klopfen, mit Salz und Pfeffer einreiben, mit Senf bestreichen, Speck auf das Fleisch legen. Feingeschnittene Zwiebel und Petersilie in wenig Butter kurz andünsten und gleichmäßig auf die Scheiben verteilen, aufrollen, mit Klammern oder Faden befestigen (letzterer ist beim Essen etwas schwierig zu beseitigen), in Mehl wenden, in sehr heißem Butterschmalz auf allen Seiten anbräunen. Zwiebel, Wurzelwerk, Bratensaft und ¼ l Wasser zugeben und weichdünsten. Mehl mit Rahm anrühren, die Soße binden und noch 1 Minute kochen lassen.

Beilagen:
Reis oder Teigwaren.

Fleischpf(l)anzl

Zutaten:
250 g gemischtes Hackfleisch (Schwein und Rind)
1 Ei
1 Semmel
1 kleine Zwiebel
30 g Speck oder geräuchertes Wammerl
2 geh. Eßlöffel Petersilie, fein geschnitten
etwas geriebene Zitronenschale (ungespritzt)
1 geh. Teelöffel Fleischbrühe-Instant
Pfeffer
Salz
Butterschmalz zum Ausbacken

Zubereitung:
Semmel in Wasser einweichen, ausdrücken. Speck in Würfel schneiden, kleingeschnittene Petersilie und Zwiebel mit dem Speck anrösten, mit den Gewürzen zum Fleisch geben, gut durcharbeiten, abschmecken. Runde handtellergroße Küchlein formen, in heißem Butterschmalz ausbacken.
Den gleichen Teig kann man zu Hackbraten verarbeiten. Fleischmasse in Kastenform füllen oder einen Wecken formen und im Rohr goldbraun backen. Nicht übergießen. Will man den Hackbraten kalt essen und in Scheiben schneiden, gibt man 1 oder 2 Eier in den Teig.

Beilagen:
Kartoffelbrei oder Kartoffelsalat.

Liebe geht durch den Magen

Dieser Spruch ist eine Weisheit aus Großmutters Zeiten. Wer heute diese Weisheit ausspricht, will damit kaum ein hohes Lied der Liebe singen, sondern eher das Gegenteil. Je mehr die praktische Liebesfähigkeit der Menschen abnimmt, um so großspuriger werden die theoretischen Ansprüche. Wer von der Liebe nur wie von einer Mischung aus Flitterwochen und Weltliteratur träumen kann, wird bei der Beteiligung des Magens nur Enttäuschung empfinden.
Die in Merksätzen niedergelegten Erfahrungen unserer Großmütter zu verachten, ist eine der großen Torheiten des angeblich modernen Lebens, dessen Modernität zum großen Teil darin besteht, sich das Leben schwer zu machen. Wahrscheinlich werden wir die Zukunft nur so meistern, daß wir neben einigen neuen Einsichten auch die Erfahrungen der früheren Generationen wiederentdecken. Wer sich dafür geniert, muß mit der eigenen Weisheit auskommen.
Aus jeder Klage, aus jeder Beschwerde kann man eine Tugend entwickeln. Statt die Rolle des Magens für die Liebe vornehm zu bedauern, kann man ihn der Liebe dienstbar machen. Wer in der Zuversicht auf ein gutes Essen nach Hause geht, ob Mann oder Frau, wird in dieser Vorschau eher zu einem Kuß aufgelegt sein als in der resignierten Erwartung, was es heute wieder (!) gibt.

Daß die Liebe durch den Magen geht, muß ich nicht als Abwertung der Liebe, kann ich als Aufwertung des Magens verstehen.

Rohes geräuchertes Wammerl mit Kraut

Zutaten:
300–400 g rohes geräuchertes Wammerl
1 Pfund Sauerkraut
1 kleiner Apfel
1 Prise Kümmel
2 Pfefferkörner
2 Wacholderbeeren
1/2 Zwiebel
1 Teelöffel Fleischbrühe-Instant
1/4 l Wasser
1 Prise Zucker

Zubereitung:
Kraut mit allen Gewürzen und dem geschnittenen Apfel in den Topf geben, gut mischen, Wammerl zugeben, mit Wasser aufgießen, fertig garen.

Beilagen:
Frisch gekochte Kartoffel oder Kartoffelbrei.

Saure Leber

Zutaten:
1/2 Pfund Schweine- oder Rinderleber
1 große Zwiebel
20 g Butterschmalz
1 geh. Teelöffel Streuwürze
1 Eßlöffel Essig
1 Prise Zucker
1 geh. Eßlöffel Mehl
knapp 1/4 l Wasser
3 Eßlöffel saurer Rahm
Salz

Zubereitung:
Leber waschen, häuten, in feine Streifen schneiden. Zwiebelringe in Butterschmalz weichdünsten, Leber zugeben, 1 Minute andünsten, 1 geh. Eßlöffel Mehl darüberstreuen, kurz anbräunen lassen, mit knapp 1/4 l Wasser aufgießen, 3 Minuten weiterkochen. Soße mit Gewürzen und Salz abschmecken, Rahm unterrühren.

Beilage:
Frische gekochte Kartoffeln.

Saure Nieren:
Werden genau wie saure Leber zubereitet. Die Nieren der Länge nach halbieren, von Sehnen und Fett befreien, 1/2 Stunde in eine Milch-Wasser-Mischung legen und dann weiterverarbeiten.

Milzwurst

(für 4 bis 6 Personen)

Zutaten:
1 Kalbsnetz
200 g Kalbsmilz
200 g Kalbsleber
200 g Kalbsbries
200 g Kalbfleisch mager
200 g Kalbsherz
250 g Kalbsbrät
Zitronenschale abgerieben (ungespritzt)
4 geh. Eßlöffel Petersilie, fein geschnitten
Pfeffer aus der Mühle
Salz
1 1/2–2 l Wasser
etliche Stengel Petersilie

Zubereitung:
Alle Fleischzutaten waschen, trocknen, in ca. 1 cm breite Streifen schneiden. Milz nur von der äußeren Haut befreien, nicht schaben. Das Kalbsnetz auf dem Tisch ausbreiten. Das

Kalbsbrät auf das Netz streichen. Das geschnittene Fleisch wird nun auf das Brät gelegt, nebeneinander Milz, Leber, Bries, Fleisch und Herz. Wiederholen, bis alles Fleisch verbraucht ist. 5 cm vom Rand freilassen. Nun würzt man mit Petersilie, Salz, Zitronenschale, frisch gemahlenem Pfeffer. Das Netz an den Enden 5 cm einschlagen und locker aufrollen. Mit einer dünnen Schnur die Wurst zusammenbinden. Sie wird nun in kochendes Wasser gelegt, das nur wenig gesalzen sein soll. Man gibt noch ein paar Petersilienstengel dazu und kocht die Milzwurst leise 1–1½ Stunden. Sie soll dann noch ½ Stunde in der Brühe ruhen. Die Suppe ist schon eine Köstlichkeit, man schmeckt sie noch ab und serviert sie mit Schnittlauch.
Die Milzwurst kann man frisch aus der Suppe auf den Tisch bringen, kann sie aber auch erkalten lassen, in Scheiben schneiden, in Mehl wenden und in Butterschmalz goldgelb ausbraten. Zum Panieren ist diese Kostbarkeit zu schade.

Beilage:
Kartoffelbrei.

AS:
Um von der Bestellung der Fleischsorten bis zum Essen die notwendige Arbeit zu leisten, muß die Hausfrau ihre Familie oder einen Besuch sehr sympathisch finden und auch noch guter Laune sein, was bekanntlich nicht für jeden Tag in gleicher Weise gilt.
Nur ein guter Kunde wird bei einem Metzger alle Zutaten auf einmal bekommen. Die meisten Chancen haben Sie, wenn Sie ihm eine Scheibe dieser Wurst versprechen. Sollte er durch diese Gegengabe nicht schwach und tätig werden – suchen Sie einen anderen Metzger. Der, den Sie haben, ist nur ein Fleischverkäufer.
Wenn man heiratet, weiß man nie genau, was man tut, weder positiv noch negativ. Vor vielen Jahrzehnten hat der Großvater meiner Frau das kleine Mädchen mit in die Küche genommen und bei der Bereitung des Kunstwerks „Milzwurst" zuschauen lassen. Der Großvater hatte keine Ahnung, welches Geschenk er damit meiner Familie und mir und diesem Kochbuch machte. Ich wußte auch bei meiner Hochzeit noch nichts von dieser „Mitgift". Jetzt weiß ich es.

Dankbarkeit

Dankbarkeit ist kein natürlicher Vorgang, der sich wie Hunger und Durst von selbst einstellt. Aber Danken ist für den Menschen ein notwendiger Vorgang, ohne den es kein richtiges Denken gibt.

Gedacht wird in unseren Tagen sehr viel. So ziemlich alle Lebensvorgänge vom Straßenverkehr bis zur Säuglingspflege, vom Urlaub bis zum Wasserverbrauch werden statistisch erfaßt, durchleuchtet und kritisiert. Aber es ist weithin, es ist zu häufig ein freudloses, meckerndes, überdrüssiges Denken, das die ganze Lebensstimmung drückt. Wenn ich zum Beispiel nicht mehr sehe, was uns auch bei einer Stagnation unserer Wirtschaft noch an Wohlstand bleibt, dann sind alle Gedanken über die Zukunft vom Ansatz her falsch. Ohne Dank werden die klügsten Betrachtungen zum Geschwätz.

REVOLUTION BEIM GEFLÜGEL

Diese Überschrift behauptet nicht zuviel. Wenn sich politische Verhältnisse so ändern würden, wie sich die Rolle des Geflügels auf einem normalen Küchenzettel geändert hat, müßte man tatsächlich von einer Revolution sprechen. Wie Butter wurden früher in einem bäuerlichen Betrieb auch die Gänse verkauft, damit Geld in die Familie kam. Für den eigenen Bedarf blieben die Federn.

Suppenhühner landeten meistens auf dem eigenen Herd, weil sie erst dann geschlachtet wurden, wenn sie – altersschwach – keine Eier mehr legten. Entsprechend lang mußten sie dann gekocht werden.

Heute ist Geflügel billiger als anderes Fleisch. Und es ist auch gefroren noch gut im Geschmack. Freilich: Feinschmecker behaupten, bei Eiern zu merken, ob diese von „glücklichen Hühnern" stammen, also von Hühnern, die auf dem Bauernhof oder in einer Farm freien Auslauf haben. Ähnliches wird beim Geflügel und schließlich bei jedem Fleisch diskutiert – Spinnerei oder Wiederentdeckung einer lange verschütteten Erfahrung? Komisch wäre es, wenn Menschen von den Tieren Entstehung und Wirkung von Glück lernen müßten – komisch, aber nicht unmöglich. Jesus sagte: „Sehet die Vögel unter dem Himmel an..."

Poularde gegrillt

Zutaten:
1 Poularde, ca. 1200 g
Salz
Pfeffer
2 Stengel Petersilie
Streuwürze
4 Eßlöffel Rahm
$^1/_4$ l Wasser

Zubereitung:
Poularde sofort aus Cellophan nehmen und auftauen lassen, waschen, mit Küchenpapier trocknen. Mit Salz und Pfeffer einreiben. In den Bauch Petersilie stecken. Poularde knapp 1 Stunde grillen, hie und da mit Butter bestreichen. Sofern der Grill mit einer Auffangpfanne ausgestattet ist, kommt in diese $^1/_4$ l Wasser. Die entstandene Soße wird entfettet, mit Streuwürze, Mehl und Rahm gebunden.

Beilage:
Reis.

AS:
Für mäßige Esser kann eine Poularde von der angegebenen Größe zu üppig sein. Vorschlag für ein zweites Essen mit einem durchaus eigenständigen Geschmack:

Eingemachtes Huhn

Zutaten:
ca. $^1/_2$ Pfund Brustfleisch, vom vorigen Essen zurückbehalten
15 g Butter
20 g Mehl
2 Stengel Petersilie
Streuwürze, Salz
Saft von 1 Zitrone
4 Eßlöffel Rahm
1 Eidotter
2 Kaffeelöffel Kapern
$^1/_4$ l Wasser

Zubereitung:
Aus Butter und Mehl ganz helle Einbrenne herstellen, mit $\frac{1}{4}$ l Wasser aufgießen, würzen, Petersilie zugeben und ca. 10 Minuten leicht kochen lassen. Petersilie wieder entfernen. Eidotter mit dem Saft von 1 Zitrone und 4 Eßlöffel Rahm verrühren und in die Soße geben. Zuletzt 2 Kaffeelöffel Kapern. Soße darf nicht mehr kochen. Fleisch wird in der Soße angerichtet.

Beilage:
Breite Nudeln.

Gastfreundschaft

Zunächst scheint es, als ob die in der Bibel oft angemahnte Gastlichkeit durch Hotels und Gaststätten überflüssig geworden sei. Es ist aber immer falsch, Erfahrungen und Weisheiten der Heiligen Schrift zu rasch für überholt zu halten. Wenn der Luxus einer bezahlten Unterkunft und Verpflegung für viele oder die meisten Menschen unerschwinglich sein wird – eine schreckliche, aber sogar für den Urlaub naheliegende Vorstellung –, wird man wieder fragen, wem man durch das Angebot von Unterkunft und Verpflegung eine Reise ermöglichen, eine Freude bereiten kann und bei wem man auf eine solche Freundlichkeit hoffen darf. Sollte diese Prognose falsch sein – um so besser. Neben möglichen wirtschaftlichen Zwängen gibt es außerdem, unabhängig von Wohlstand oder Not, die Lust an einer Gastlichkeit, die man zu Recht Gast*freundschaft* nennt: mehr als kühler Anstand, aber nicht einfach mit Freundschaft gleichzusetzen.
Sowohl für das Angebot wie für die Bitte gilt die Regel: Nicht zu oft. Wer zu viele Verpflichtungen hat und zu oft in Anspruch genommen wird, kann nur noch ein murrender (1. Petrus 4,9) Gastgeber sein, und das merkt man dann bald. Daß jede Freundlichkeit an den „Verhältnissen" ihre Grenze hat, ist dabei selbstverständlich, für den Gastgeber und hoffentlich auch für den Gast. Innerhalb dieser Einschränkung ist dann aber ein Mindestaufwand geboten, aus dem sich im Rahmen eines Kochbuchs die nachstehenden Schwerpunkte ergeben.

Das beste Essen verliert seinen Wert, wenn der Gast kaum oder schlecht geschlafen hat. Ich muß also das Bett oder die Couch, die ich ihm anbiete, eine Nacht lang oder mindestens mehrere Stunden selbst ausprobiert haben.
Die Zufriedenheit über einen guten Schlaf und die Zuversicht auf ein gutes Frühstück wird geschmälert, wenn die Benützung des Bades – eine zimperlich dezente, unbayerische Umschreibung – nicht zur allseitigen Zufriedenheit geregelt ist. Unter Regelung ist auch eine zeitliche Abmachung zu verstehen, die dem Gast wie dem Gastgeber Rücksichten auferlegt.
Ohne Ärger wird jede Mahlzeit besser als mit Ärger schmecken, sie muß dann also gar nicht mehr so üppig sein. Außer der Frage, was der Gast für seine Gesundheit braucht oder meiden muß, sind dann alle „Umstände" überflüssig, von denen wir doch ständig einander nahelegen, daß wir sie nicht machen sollen. Zur Gastfreundschaft gehört die Freiheit, mit dem Gast in aller Bescheidenheit befreundet zu sein.
Ein Festessen – siehe Seite 58 – ist etwas anderes als die tägliche Mahlzeit. Wenn es da keinen Unterschied gäbe, wäre das Festessen ein Widerspruch in sich selbst.

Ente gebraten

(für 4 Personen)

Zutaten:
1 Ente, frisch oder gefroren
Salz
Pfeffer
1 Apfel
Majoran

Zum Braten:
$^{1}/_{4}$ l Wasser

Zubereitung:
Ente waschen, auftauen, mit Küchenpapier trocknen, salzen, pfeffern und mit Majoran (in der warmen Hand zerrieben) innen und außen einreiben. In das Innere einen Apfel legen.

Fette Ente mit ¼ l Wasser und mit dem Rücken nach oben in der Bratpfanne in die Röhre schieben. Das Wasser bewirkt, daß das Fleisch aufquillt und das überflüssige Fett austritt. Wenn der Rücken braun ist, die Ente wenden und auf der Brustseite nach oben weiterbraten. Hie und da übergießen, wenn Wasser aufgebraucht, von der Seite Wasser nachgießen. Soße entfetten. Bratzeit 1–1½ Stunden.
(Entenfett gibt, mit Salz und Pfeffer gewürzt, einen feinen Brotaufstrich.)

Beilagen:
Rohe Kartoffelknödel und Krautsalat.

Festessen

Der bayerische Lebensstil wird noch von ländlichen Erinnerungen und Gewohnheiten geprägt. (Nur zur Unterscheidung: Hamburg ist eine Stadt, München eine Landschaft zwischen Garmisch und Berchtesgaden.) Zu diesem Lebensstil gehört es, die Feste zu feiern, wie sie fallen. In einer modernen Einteilung des Lebens wird eher das Gegenteil praktiziert: Durch Betriebsferien, durch finanzielle Rücksichten und auch durch unberechenbare Launen wird den Festen vorgeschrieben, wann sie zu fallen haben. Man kann in Bayern Feste nicht einfach beschließen, man ist nicht grundsätzlich fröhlich, sondern braucht dafür einen Grund, der deutlich oder halb vergessen immer religiös gefärbt ist.
Diese Einfärbung der meisten Feste wird von Menschen, die rascher urteilen als beobachten, oft als reine Formsache mißverstanden. Das Verhältnis der Bayern zum christlichen Glauben ist, mit schillernden Fremdwörtern ausgedrückt: weniger intensiv, mehr extensiv. Oder einfacher, aber nicht ganz falsch: Was dem Glauben in Bayern vielleicht an tiefschürfenden Gedanken fehlt, findet er in der ständigen Erinnerung durch die vielen Kreuze in der Landschaft.
Zu den Festen gehört auch ein Festessen. Wie das Leben durch die verschiedenartigen Feste ein Profil hat, so sollten auch die festlichen Mahlzeiten sich unterscheiden. Bei Taufe und Konfirmation/Firmung ist ein zu großer Aufwand geschmacklos. Je mehr der kirchliche Anlaß eines Festes in

den Hintergrund tritt, um so protziger wird das, was vordergründig übrigbleibt. Es ist aber immer zu wenig, wenn von einem Fest nur das Essen eine Erinnerung wert ist. Wenn schon Üppigkeit sein muß, dann am ehesten bei der Hochzeit. Das gemeinsame Essen bei einer Beerdigung, beschränkt auf die nähere Verwandtschaft, auch „Leichenschmaus" genannt, ist zwar keineswegs vor Ausuferung sicher, aber die Ausuferung ist dann als solche auch deutlich erkennbar. Diese Mahlzeit stammt aus der Zeit, als größere Wegstrecken noch schwierig zu bewältigen waren und Verpflegung erforderten. Heute hat der Leichenschmaus immer noch den Sinn, daß sich bei diesem Anlaß so ziemlich die ganze Verwandtschaft trifft, nicht jeder jedem wohlgesinnt, vielleicht aber doch durch den Anlaß etwas friedlicher gestimmt.

Daß für Festessen keine besonderen Rezepte, aber viele Überlegungen drum herum angeboten werden, ist keine Entgleisung, keine Verlegenheit, sondern eine Nachdenklichkeit auch für andere Situationen der Kochkunst. Es ist zwar ein bissig formulierter Materialismus, daß „der Mensch ist, was er ißt", aber jede Weltanschauung trifft an irgendeiner Stelle die Wirklichkeit. Was ein Mensch ißt, hängt ganz gewiß auch damit zusammen, was er ist, und deshalb sind Gedanken um das Essen manchmal wichtiger als Rezepte.

„Sorget nicht um euer Leben, was ihr essen und trinken werdet. Sehet die Vögel unter dem Himmel an: sie säen nicht, sie ernten nicht, sie sammeln nicht in die Scheunen; und euer himmlischer Vater nährt sie doch. Seid ihr denn nicht viel mehr als sie?" (Matthäus 6,25–26.)

WILD UND FISCH

Nur ein Schelm gibt mehr, als er hat! Bei diesem geflügelten Wort denke ich noch einmal an den Titel dieses Buches. Christlich ist es, wenn dieses Sprichwort gegenüber einem hungrigen Menschen etwas verändert wird und dann so lautet: „Nur ein Schelm gibt weniger, als er hat." Bayerisch ist es, einen Mangel der Eßgewohnheiten bei Wild und Fisch einzusehen, dann aber lieber auf fremde Kunst zu verweisen, als sich mit fremden Federn zu schmücken.

Wer eingeladen wird, muß der Hausfrau etwas mitbringen. Auch in Blumen kann sich eine unterschiedliche Aufmerksamkeit äußern; Blumen passen aber immer. In bäuerlichen Verhältnissen – und in schlechten Zeiten in allen Verhältnissen – konnte ein Stück Fleisch oder ein Laib Brot ein großes Geschenk sein. Unter Freunden und guten Bekannten ist Ähnliches auch heute als Mitbringsel möglich: Wild und ein besonders schmackhafter Fisch und vielleicht ein dazu passender Wein – wie gesagt: nur bei näherer Bekanntschaft, wo die Freundlichkeit sich durch gesellschaftliche Regeln nicht beengen lassen muß. In einem solchen Geschenk begegnen sich die Erinnerung an schlechte Zeiten und eine besondere Aufmerksamkeit für heute.

Hasenschlegel

Zutaten:
2 Hasenschlegel, frisch oder gefroren
Salz
2 Speckscheiben
Pfeffer aus der Mühle
2 Wacholderbeeren zerdrückt
2 Zwiebel
1 Teelöffel Streuwürze
½ Tasse Rotwein
⅛ l Wasser
20 g Butterschmalz
1 geh. Teelöffel Mehl
4 Eßlöffel saurer Rahm

Zubereitung:
Fleisch waschen, gegebenenfalls auftauen, trocknen, mit Salz, Pfeffer und zerdrückten Wacholderbeeren einreiben. In heißem Butterschmalz von allen Seiten bräunen, geschnittene Zwiebel zugeben, etwas mitbraten lassen, dann mit Wein und Wasser aufgießen. Speckscheiben auf das Fleisch legen. Weichdünsten. Mehl mit Rahm glattrühren, die Soße damit binden, durchseihen.

Beilagen:
Gekochte Kartoffelknödel oder breite Nudeln, Preißelbeeren.

Falscher Wildschweinbraten

Zutaten:
300–400 g mageres Schweinefleisch
15 g Butterschmalz
1 Zwiebel
1 geh. Teelöffel Bratensaft-Instant
⅛ l saurer Rahm
1 Teelöffel Mehl
1 Teelöffel Preißelbeeren
½ Tasse Rotwein

Zur Beize:
¹/₄ l Wasser
3 Pfefferkörner
2 Streifen Zitronenschale (ungespritzt)
1 Gewürznelke, in eine Zwiebel gesteckt
1 kleines Lorbeerblatt
2 Wacholderbeeren, zerdrückt
Salz
4 Eßlöffel Essig

Zubereitung:
Beize mit allen Gewürzen aufkochen und heiß über das Fleisch gießen. 3 Tage stehen lassen und hie und da wenden. Dann Fleisch aus der Beize nehmen, mit Küchenpapier trocknen, scharf in Butterschmalz auf allen Seiten anbräunen. Zwiebel in Würfel geschnitten goldgelb werden lassen, Rotwein und die durchgeseihte Beize und Bratensaft-Instant dazugeben. Fleisch weich garen. Aus der Soße nehmen. 1 Teelöffel Mehl mit ¹/₈ l saurem Rahm anrühren, die Soße binden. Mit 1 Teelöffel Preißelbeeren verbessern.

Rehragout

Zutaten:
1 Pfund Rehragout

Zur Beize:
³/₄ l Wasser
6 Eßlöffel Essig
Zwiebel halbiert und mit 2 Gewürznelken besteckt
¹/₂ Lorbeerblatt
2 Wacholderbeeren
2 Pfefferkörner
Zitronenschale (ungespritzt)
3 Eßlöffel Rotwein

Zur Einbrenne:
20 g Butterschmalz
30 g Mehl
1 Teelöffel Zucker
2 geh. Teelöffel Streuwürze

Zubereitung:
Ragout waschen. Wasser mit den Gewürzen einmal aufkochen, kalt über das Fleisch gießen, 2–3 Tage liegen lassen, hie und da wenden, dann in der Beize weichkochen. Kaffeebraune Einbrenne herstellen, mit 1/2 l Beize aufgießen, 20 Minuten kochen lassen, abschmecken.

Beilagen:
Gekochte Kartoffelknödel oder frisch gekochte Kartoffeln.

Gewichtsabnahme

Wenn Menschen ihr Übergewicht auf das Normalgewicht oder gar auf das Idealgewicht – fast schon ein unterentwickeltes Menschenbild – reduzieren wollen, ist das immer eine schmerzliche Aufgabe. Hilfsmittel, die den Prozeß des Abnehmens freundlicher gestalten sollen, helfen mehr dem Fabrikanten als dem Patienten. Ein allzu heroischer Entschluß ist auch nicht ungefährlich, deshalb wird bei den meisten Präparaten neben der Wirksamkeit auch noch der Arzt angepriesen.

Es ist erstaunlich, wie viele Kilogramm ein Mensch verlieren und doch noch er selbst bleiben soll. Oder bleibt er nicht ganz er selbst? Das ist tatsächlich eine Frage. Auch in seiner äußeren Erscheinung entwickelt sich ein Mensch wie in seinem Schicksal: Ein totaler Bruch ist selten gesund.

In einer Tabelle ist zu lesen, daß in 100 Gramm Forelle 52 Kalorien stecken, in Rehfleisch der gleichen Menge 93 Kalorien, in magerem Kalbfleisch schon 120, und in fettem Schweinefleisch bis zu 475. Wer also ohne wesentlichen Hunger abnehmen, dabei sogar noch genießen will und die Kosten nicht scheuen muß, ist mit Wild und Fisch gut bedient. Um mit spezifisch bayerischem Essen abzunehmen, gibt es nur das Rezept: F. d. H.

Ein armer Mensch hat es also auch beim Körpergewicht schwerer als ein reicher. Er hat freilich auch weniger Qual durch weniger Wahl. Vielleicht tröstet es ihn, daß die Gewichtsabnahme auch in einer gehobenen Gesellschaftsschicht manchen schmerzlichen Verzicht erfordert, weil z. B. 100 Gramm Kaviar 240 Kalorien enthalten.

Fisch gedünstet

Zutaten:
400 g gefrorenes oder frisches Fischfilet
Salz
Pfeffer
Saft von ½ Zitrone
3 Stengel Petersilie
1 Teelöffel Streuwürze
20 g Butter
1 Teelöffel Mehl
3 Eßlöffel Rahm
2 Scheibchen Speck

Zubereitung:
Fischfilet waschen, trocknen, mit wenig Salz und Pfeffer einreiben, mit Zitronensaft beträufeln. Ziehen lassen. Zwiebel in Butter glasig dünsten, Fischfilet einlegen, mit ⅛ l Wasser aufgießen, mit Speckscheiben belegen, Petersilie in die Flüssigkeit geben, ebenso 1 Teelöffel Streuwürze, 20 Minuten dünsten, hie und da übergießen. 1 Teelöffel Mehl mit 3 Eßlöffel Rahm anrühren, die Soße binden.

Beilage:
Salzkartoffeln.

Fischpf(l)anzl

Zutaten:
400 g frisches oder gefrorenes Fischfilet
1 Ei
1 Semmel (2 Tage alt)
30 g Speck
1 geh. Eßlöffel Petersilie, gehackt
1 Zwiebel
abgeriebene Schale einer halben Zitrone
1 Teelöffel Streuwürze
Pfeffer aus der Mühle
Salz
Butterschmalz zum Ausbacken

Zubereitung:
Fisch waschen, durch die Maschine drehen. Speck in Würfel schneiden, anbraten, mit gehackter Petersilie und Zwiebel etwas andünsten, mit der eingeweichten und ausgepreßten Semmel und den Gewürzen zum Fischteig geben, handgroße Pfanzl formen, in Mehl wenden und in Butterschmalz goldbraun ausbacken.

Beilagen:
Kartoffelbrei oder Kartoffelsalat.

Kontraste

Zutaten und Nebensachen geben der Hauptsache Profil und werden eben dadurch wichtig. Das ist beim Essen so wie in der Liebe und bei der Kunst. Süß und sauer können gut zusammenpassen, z. B. Preißelbeeren oder Essigzwetschgen zum Wildbraten. Der Geschmack in Norddeutschland verträgt und genießt solche Kontraste offenbar besser als der Gaumen in Süddeutschland. Für jeden Geschmack aber sind die völlig willkürlich erfundenen Kontraste in manchen „modernen" Rezepten ganz schlicht eine Geschmacklosigkeit. Wer will und einschlägige Kenntnisse hat, kann in Erinnerung an die alten Römer aus entarteten Eßgewohnheiten auf einen Standort in der Geschichte schließen.

KÜCHENGERÄTE

Wenn man sich in alten Küchen umsieht, was offenbar in den Entwürfen moderner Küchen viel zu selten geschieht, fällt auf, daß es in der Küche nur wenige Geräte gab, daß diese für mehrere Zwecke brauchbar und dabei noch ausgesprochen schön waren. Ein „Suppenbesen" z. B. besteht aus den feinen Wurzeln einer Birke, die im Griff des Besens kunstvoll geflochten sind.

In den rasch wechselnden Vorstellungen der Architekten schwankt das Küchenideal zwischen Kochnische und Wohnküche. Gegenwärtig ist gerade die letztere in Mode, freilich zu Preisen, die mehr als die Schönheit den Normalmenschen erschauern lassen. Eine Kochnische kann erzwungen werden durch den Quadratmeter-Preis der Wohnung, durch Berufstätigkeit der Hausfrau, durch fehlendes Interesse an der Kochkunst. Wenn die Kochnische nur aus Gleichgültigkeit hingenommen wird, ist sie eine Kulturschande. Die Küche darf sogar beanspruchen, daß sie als Wohnküche Mittelpunkt für eine Familie wird. Ähnliches gilt für die Geräte in der Küche: Sie sollen und können praktisch und schön sein. Mit gutem Gerät zu arbeiten, kann bei der Köchin oder beim Koch die Lust an der Arbeit und damit auch das Ergebnis fördern.

Nebenbei: Die kleine Pfanne, in der die Urgroßmutter das Mus für die Kleinkinder kochte, kann Tradition ebenso bewußt werden lassen wie eine Ahnengalerie.

Der Hackstock

Jede Hausfrau und jeder Hausmann hat beim Metzger vor der Nase, wie nützlich ein Hackstock ist. Man kann auf ihm hacken, schneiden, klopfen, im Haushalt sogar kleinere Reparaturen mit Hammer und Nagel ausführen – was kann man eigentlich nicht? Dabei schont er die Schneide des Messers, dämpft als kompaktes Holz jeden Schlag und ist trotz aller gegenteiligen Befürchtungen leicht zu reinigen.

Dieser Hackstock wird nicht in die Küche zurückkehren, sofern er dort jemals gewesen sein sollte, aber man kann ihn für die heutige Küche weiterentwickeln. Eine etwa 6–7 cm starke Holzplatte wird in passender Größe aus Bohlen zusammengeleimt und durch Gewindestangen zusätzlich zusammengeschraubt, damit sich keine Risse bilden können. Die Platte muß durch massive Holz- oder Eisenfüße einen eigenen Stand auf dem Boden haben, sonst kann ich gleich beim Nudelbrett bleiben, das, wie sein Name sagt, allenfalls für Nudeln geeignet ist. Unter der massiven Arbeitsfläche des Hackstocks hat ein Hocker oder dergleichen Platz; man kann bei manchen Küchenarbeiten, z. B. beim Gemüseschneiden, sitzen.

Auf zwei Arbeitshilfen in der Küche möchte meine Frau nicht verzichten: auf die vom Herd bis zum Spülbecken durchgehende Stahlplatte und auf die Hackplatte, auf diese – meine Erfindung! – noch weniger.

Der Dampftopf

Der Dampftopf ist eine der echten technischen Entwicklungen für den Haushalt. Es ist nicht bloß Reklame, daß er Zeit und Energie spart. Vielleicht bewahrt er sogar, wie die Reklame behauptet, die Vitamine.
Zum Beispiel muß eine im Dampftopf vorgedämpfte Schweinshaxe nur 45 Minuten bis 1 Stunde gegrillt werden. Gemüse ist in wenigen Minuten fertig. Genaue Zeiten können nicht angegeben werden, die Gebrauchsanweisungen der verschiedenen Fabrikate müssen beachtet und in die eigene Erfahrung eingebracht werden.
Auf den Luxus, eine Gebrauchsanweisung erst nach einem mißglückten Versuch zu lesen, sollte man im allgemeinen und beim Dampftopf im besonderen verzichten. Die Töchter und Schwiegertöchter in meiner Familie ließen sich zum Gebrauch dieses Topfes nur schwer überreden, jetzt aber möchten sie ihn nicht mehr missen.

Drei Messer

Für einen Haushalt bis zu 4 Personen bringen nur wenige Maschinen einen echten Vorteil. Zusammen mit diesen wenigen Geräten, notfalls aber auch ohne sie, kommt man mit 3 Messern von unterschiedlicher Größe aus. Diese Messer müssen von bester Qualität sein, deshalb sind sie auch nicht billig, wie man in einem Geschäft für Metzgereibedarf feststellen wird.
Für diese Messer spricht: Sie nehmen von dem in der Küche besonders kostbaren Platz viel weniger weg als irgendwelche Geräte. Genau genommen beanspruchen sie überhaupt keinen Platz, denn einige Messer braucht man in der Küche ohnehin. Sie sind leicht zu reinigen, brauchen kaum Repara-

turen, man kann ihre weitere Brauchbarkeit und Lebensdauer klar beurteilen und man kann mit ihnen auch ohne Strom arbeiten.
Gegen diese Messer spricht: Es braucht eine gewisse Aufmerksamkeit, um sie bei Bedarf zu schleifen, ohne die Schneide zu zerstören. In größeren Zeitabständen empfiehlt sich vielleicht auch ein neuer Schliff durch einen Fachmann. Bei einer neuen Liebe für Messer ist je nach Geschicklichkeit mit einer längeren oder kürzeren Anlernzeit zu rechnen, beim Gebrauch von Messern soll auch nicht auf Schnelligkeit verzichtet werden. Ein vom Anfänger für Verletzungen bereit gehaltenes Pflaster wird bald in die Hausapotheke zurückgebracht werden können.
Was sonst noch gegen Messer spricht? Nichts. Deshalb werden sie ja in Erinnerung gebracht.

Gründe für einfaches Essen

1. Not lehrt nicht nur beten, sondern auch kochen, am besten beides zugleich – dann hat die Not einen Sinn, den man freilich hinterher deutlicher sieht als im Augenblick.
2. Es ermuntert die Intelligenz und fördert sie auch für andere Aufgaben des Lebens, wenn sie aus wenig viel zustande bringen muß. Die so oft genannte und gerühmte „Kreativität“ hat gerade beim einfachen Kochen und Essen einen weiten Spielraum.
3. Für Magen und Kreislauf ist das einfache Essen viel bekömmlicher als raffinierte Speisen mit schwer kalkulierbaren Zutaten.
4. Wenn Geld gespart wird, bleibt Geld übrig für einen gewissen Aufwand bei Geselligkeit.
5. Daß wir irgendwann für ein Stück Brot wieder äußerst dankbar sein werden, ist so sicher oder noch sicherer als das Amen in der Kirche. Dann ist es gut, einen bescheidenen Umgang mit der Not bewußt geübt zu haben, als es noch gar nicht notwendig war.

GEMÜSE

Im bayerischen Küchenzettel alter Art führte das Gemüse zwischen Knödel und Sauerkraut ein etwas kümmerliches Dasein und wurde erst später aufgewertet. Dafür gibt es mehrere Gründe. Gemüse hat nur kleine Mengen der Kalorien, die für harte Arbeit notwendig sind. Gemüse paßte früher und auch heute noch überwiegend zu gekochtem Rindfleisch. Dieses Fleisch gab es auch in besser situierten bäuerlichen Familien nur selten, denn anders als das durch Hausschlachtung vorhandene Schweinefleisch mußte es gekauft werden.

In der städtischen Küche, wo ohnehin jedes Fleisch beim Metzger geholt wurde, lag der Wechsel zwischen verschiedenen Fleischsorten nahe und also auch das Gemüse zum Rindfleisch. Daß es für Gemüse in der bayerischen Kost einen Nachholbedarf gibt, merkt man am besten in den Gaststätten – am Geschmack und an den kleinen Portionen. Dafür kann man aber in einer größeren Gaststätte ein Festessen bekommen, dessen Zubereitung im kleineren Haushalt zu umständlich ist: Rindfleisch garniert mit mehreren Gemüsen und einigen Salaten. Eine Entwicklung in dieser Richtung ist aber auch zu Hause möglich.

Saures Kartoffelgemüse

Zutaten:
1 Pfund Kartoffeln
15 g Butterschmalz
30 g Mehl
1 Zwiebel, mit 1 Gewürznelke besteckt
½ Lorbeerblatt
1 Streifen Zitronenschale (ungespritzt)
1 geh. Teelöffel Fleischbrühe-Instant
knapp ½ l Wasser
Salz
3–4 Eßlöffel Essig
Pfeffer

Zubereitung:
Gekochte Kartoffeln schälen und in Scheiben schneiden. Dunkle Einbrenne herstellen, mit Wasser aufgießen, Gewürze zugeben, ca. ½ Stunde leicht kochen lassen. Dann Gewürze entfernen, abschmecken, Kartoffelscheiben dazugeben und nochmals aufkochen lassen. Mit frisch gemahlenem Pfeffer servieren.

AS:
Dies ist das billigste Gemüse. Es hat nebenbei eine medizinische Wirkung: Es richtet den Magen ein, wenn er verstimmt ist. Wenn unsere Söhne aus einer Fremde heimkehrten, in der es diese Köstlichkeit nicht gab, war das einer der ersten Wünsche: saures Kartoffelgemüse. Der Geschmack ist nicht an Kosten gebunden, weder bei diesem Gemüse, noch sonst.

Blaukraut

Zutaten:
1 kleiner Kopf Blaukraut
15 g Butterschmalz
1 kleine Zwiebel
1 Apfel (Boskop)
1 Teelöffel Zucker
1 Teelöffel Fleischbrühe-Instant
2 Eßlöffel Essig

Zubereitung:
Blaukraut waschen, vierteln, harte Strünke entfernen, in feine Streifen schneiden. Mit Salz, Essig, Zucker, Fleischbrühe-Instant und dem geschnittenen Apfel ca. 2 Stunden ziehen lassen. Die in Würfel geschnittene Zwiebel in 10 g Butterschmalz glasig dünsten, Kraut und 1 Tasse Wasser zugeben, gut mischen, weich dünsten.

Anmerkung:
Blaukraut schmeckt auch aufgewärmt noch gut.

Tischgebet

Ich war ein Stadtkind. Wenn ich mit meinen Großeltern in die „Sommerfrische" gehen durfte, die man heute „Urlaub auf dem Bauernhof" nennt, erlebte ich eine ganze Menge neues Leben, unter anderem das Tischgebet in einer Bauernfamilie. Dieses Gebet wurde gemeinsam und stehend gesprochen, mit Richtung auf das Kreuz in der Ecke. Aber gleich links vom Kreuz war ein Fenster, das die betende Familie ohne Schwierigkeiten an allem teilnehmen ließ, was draußen geschah. Wahrscheinlich habe ich diese kindliche Erfahrung später dazu gebraucht, beziehungsweise mißbraucht, um das echte Beten vom falschen Beten zu unterscheiden – als ob es nicht auch ohne Fenster abschweifende oder gleichgültige Gedanken gäbe. Für diesen scheinheiligen Zweck mißbrauche ich diese Erinnerung heute nicht mehr. Inzwischen weiß ich nämlich, daß nichts so leicht zu verspotten ist wie ein Gebet, das freilich allem Spott zum Trotz an die Macht Gottes rührt.

Einige Regeln für das Tischgebet:

1. In der gegenwärtigen Verwilderung der Sitten bedankt man sich immerhin noch, wenn ein Vorgänger einem Nachfolger die Tür offen hält. Mehr als irgend etwas anderes ist es das Essen wert, bedankt zu werden. Selbst ohne die Adresse Gottes kann ein Mensch dankbar sein, und Gott muß nicht, aber kann auch einen solchen Dank verstehen und annehmen.

2. Die Macht einer Sitte besteht darin, daß sie nicht immer wieder Begründung, Überwindung und Entschluß braucht, um das Leben zu formen. Bis sich eine Sitte herausbildet und

dann Zinsen trägt, muß allerdings einige Mühe an Begründung, Überwindung und Entschluß aufgebracht werden. Das alles gilt auch für das Tischgebet. – Bei manchen Sitten dauert der Entstehungsprozeß über Generationen hinweg, der Verlust geht schneller.

3. Wenn Geselligkeit wieder mehr in Mode kommt, entsteht bei der ersten Begegnung einer betenden mit einer nicht betenden Familie die Frage: „Sollen wir oder sollen wir nicht?" Selbstverständlich sollen wir, oder doch nicht so ganz selbstverständlich? Ohne Pathos, aber auch ohne Zimperlichkeit – es ist gar nicht so einfach. Aber ich kann es trotzdem riskieren, denn erstens beten viel mehr Menschen, als man vermutet, und zweitens könnte ein Glaube ohne Selbstbewußtsein fast schon eine Gotteslästerung sein – fast.

4. Das Tischgebet ist praktisch und gesund, indem es einen deutlichen und gemeinsamen Anfang ermöglicht, Sammlung und Stille bewirkt, vielleicht sogar die Magennerven beruhigt. Alle diese sehr willkommenen Folgen und Zutaten zum Gebet stellen sich nur dann ein, wenn sie Zutaten bleiben und

nicht den Rang der Hauptsache beanspruchen. Gott läßt sich bitten, aber nicht mißbrauchen. Wo Gott im Spiel ist, ist es höchst gefährlich, mit ihm ein Spiel zu treiben.
5. In einer fremden Familie muß ich ein Tischgebet nicht erzwingen. Ich kann den Brauch in der anderen Familie annehmen, ohne mich deshalb einer Verleugnung Gottes schuldig zu machen. Dem anderen Menschen eine Verlegenheit zu ersparen, kann Gott besser gefallen als eine demonstrative Frömmigkeit. Wer an diesem Punkt Näheres wissen will, soll die Auskünfte Jesu über das Gebet oder über den Sabbat lesen, zum Beispiel: Matthäus 6,5–7 und Markus 2,23–28. Aber für alle Fälle gilt: Still zu beten, ist besser, als das Gebet wie für andere auch für mich wegzulassen.

Kleine Auswahl von Tischgebeten

„Wir danken dir, Herr, denn du bist freundlich, und deine Güte währt ewiglich.“ (Psalm 107,1.)
„Aller Augen warten auf dich. Du tust deine Hand auf und sättigst alles, was lebt, nach deinem Wohlgefallen.“ (Psalm 145,15.)
„Komm, Herr Jesu, sei unser Gast und segne, was du uns bescheret hast.“ (In manchen Familien wurde – ähnlich wie in China für die Ahnen – ein zusätzlicher Teller für den unsichtbaren Jesus gedeckt, der erwartet oder unerwartet in einem Gast sichtbar werden kann, wie Matthäus 25,35–40 zu lesen ist.)

Meerrettichgemüse

Zutaten:
150 g Meerrettich, gerieben
15 g Butter
1 geh. Eßlöffel Mehl
Salz
½ Teelöffel Zucker
⅛ l Milch
3 Eßlöffel Rahm
1 Teelöffel Fleischbrühe-Instant
½ in Milch eingeweichte Semmel

Zubereitung:
Helle Einbrenne herstellen, den erst kurz vorher geriebenen Meerrettich andünsten, mit Milch aufgießen, die ausgedrückte Semmel zufügen, würzen, 20 Minuten leicht kochen lassen. Mit Rahm abschmecken. Schmeckt ausgezeichnet zu Rindfleisch.

AS:
Mir schmeckt noch besser Rindfleisch mit Essiggurke und Meerrettich, letzterer mit Essig und Öl, Salz und Zucker angemacht. Das ganze wird in Bayern Tellerfleisch genannt, wird auf einem Holzbrett serviert. Wenn der Meerrettich noch sehr frisch ist, kann man trotz Genuß Tränen vergießen.

Schwammerl (Pilze)

Zutaten:
1 Pfund Mischpilze (Steinpilze gibt es kaum noch, sie sind zu teuer)
20 g Butter
1 kleine Zwiebel
1 geh. Teelöffel fein geschnittene Petersilie
Streuwürze, Salz
4 Eßlöffel saurer Rahm

Zubereitung:
Pilze sorgfältig putzen, kurz waschen, in Scheiben schneiden, Zwiebel in Butter goldgelb rösten, Schwammerl zugeben, 15 Minuten dünsten, mit Salz und Streuwürze abschmecken. 1 Kaffeelöffel Mehl mit 4 Eßlöffel saurem Rahm anrühren, mit Petersilie in die Soße geben, aufkochen lassen.

Beilagen:
Frisch gekochte Kartoffeln oder Semmelknödel.

AS:
In meiner Jugend konnte meine Mutter zu mir sagen: „Wir haben für Mittag noch nichts zu essen, hol Schwammerl!“ Das war selbst nahe bei einer Großstadt kein Problem, ich wußte die Plätze, hatte im Nu einen Korb voll Steinpilze, andere Pilze wurden überhaupt nicht beachtet. Aber diese Zeit ist offenbar dahin.

Die meisten Pilze sind genießbar, einige sind tödlich. Vergnügen und Gefahr liegen wie immer im Leben dicht nebeneinander. Es empfiehlt sich, ein Buch mit farbigen Abbildungen mit in den Wald zu nehmen. Besser ist ein „Lehrgang" mit einem versierten Schwammerlsucher. Im Zweifelsfall ist der Gang zu einer Beratungsstelle weniger mühsam als die Fahrt ins Krankenhaus.
Es ist ein eigenartiges Vergnügen, „in Gottes freier Natur" sozusagen zum Essen eingeladen zu werden.

Petersilienkartoffelgemüse

Zutaten:
1 Pfund Kartoffeln, gekocht
15 g Butter
20 g Mehl
¼ l Wasser
⅛ l Milch
1 Teelöffel Fleischbrühe-Instant
Salz
2 Eßlöffel fein gehackte Petersilie

Zubereitung:
Die gekochten Kartoffeln schälen, in Scheiben schneiden. Aus Butter und Mehl helle Einbrenne herstellen, mit Wasser und Milch aufgießen, abschmecken. Die Hälfte der Petersilie zugeben und 10 Minuten leicht kochen lassen. Dann die restliche Petersilie und die Kartoffeln zugeben, mit Pfeffer würzen.

Der gedeckte Tisch

Weil der Mensch auch mit den Augen ißt – ein Lob für den gedeckten Tisch! Dieses Lob gilt nicht so sehr für festliche Gelegenheiten, wo ohnehin alles beigeschleppt wird, was dem Fest dient, sondern mehr dem alltäglichen Brauch. Auch für die einfachste Mahlzeit lohnt sich ein kleiner Aufwand an Geschirr und Besteck. Dieser Aufwand beteiligt die Augen – siehe oben – und ist außerdem zugleich eine Art stummes Tischgebet oder eine stumme, aber deutliche Fortsetzung eines laut gesprochenen Gebets.

Geschirr und Besteck sollen so ehrlich und bescheiden wie die Rezepte dieses Buches sein. Silber ist kaum für den Alltag. Muß auch nicht sein, weder massiv noch mit soundsoviel Gramm Auflage. Es gibt sehr hübsche Bestecke aus nichtrostendem Stahl. Luxus zur falschen Zeit und also aufdringlich ist weder christlich noch bayerisch, und nicht einmal krisenfest; denn in einer Krise verändern Dinge ihren Wert. Schönheit aber muß nicht teuer sein. Unsere Vorfahren hatten dafür einen Sinn.

Kohlrabi

Zutaten:
4 junge Kohlrabi
15 g Butter
1 geh. Eßlöffel Petersilie
Streuwürze
4 Eßlöffel Rahm
Salz
Pfeffer
1 kleine Zwiebel

Zubereitung:
Kohlrabi schälen, in Scheiben schneiden, waschen, die Herzblätter nudelartig schneiden. Die feingeschnittene Zwiebel in Butter goldgelb werden lassen, Gemüse zugeben, wenden, ca. 1/8 l Wasser aufgießen, würzen, weichdünsten. Flüssigkeit soll fast verdunstet sein. 4 Eßlöffel Rahm und gehackte Petersilie zugeben.

Sauerkraut

Zutaten:
1 Pfund Sauerkraut
1 Prise Kümmel
1 kleine Zwiebel
1 Apfel (Boskop)
10 g Butterschmalz
1 Prise Zucker
1 geh. Teelöffel Fleischbrühe-Instant
3 Wacholderbeeren, zerdrückt

Zubereitung:
Zwiebel klein schneiden, in Butterschmalz goldgelb rösten, Kraut einstreuen, andünsten lassen, Gewürze und gut ¼ l Wasser zufügen. Kraut nur waschen, wenn es sehr sauer sein sollte. Weichkochen.

Spinat

Zutaten:
1 Pfund Spinat
Salzwasser
20 g Butter
20 g Mehl
Streuwürze
1 kleine Zwiebel
1 Prise Muskat
ca. ⅛ l Milch
4 Eßlöffel Rahm

Zubereitung:
Spinat verlesen, mehrmals waschen, in wenig Salzwasser weichkochen, nur grob zerkleinern oder durch die Maschine drehen. Helle Einbrenne herstellen, ⅛ l Milch, Zwiebel, Streuwürze und Muskat dazugeben, 5 Minuten durchkochen lassen und Spinat dazugeben. Mit Rahm verbessern.

Der Einkauf

Als unsere Kinder noch im Haus waren, mußte meine Frau für 7 Personen kochen, und weil sich allmählich mögliche Schwiegerkinder hinzufanden, sehr oft für mehr als 7 Personen, und wenn noch Gäste kamen, eben für noch mehr Personen. Günstig einzukaufen war für uns zwar nicht gerade eine Frage des „Überlebens", aber doch eine Voraussetzung für unsere familiäre Wirtschaft.
Wenn sich meine Frau aus verständlichen Gründen immer nach Sonderangeboten umsah, war sie dabei ziemlich ungestört, denn in der Zeit der allgemein aufstrebenden Genüßlichkeit galt nur als gut, was teuer war. Wenn meine Frau ein verlockendes Sonderangebot entdeckte, kaufte sie eine Dose

und prüfte den Inhalt zu Hause. Nicht in jedem Fall, aber auch nicht ganz selten, schmeckte der Inhalt ausgezeichnet. Dann holte meine Frau 20–30 Büchsen, natürlich unter Beachtung des Datums für die Haltbarkeit – obwohl es ja wegen des raschen Verbrauchs nicht allzu lange halten mußte. Einmal ergab es sich in einem kleinen Laden, daß das entsprechend kleine Sonderangebot durch unseren Einkauf weg war. Dieser „Großeinkauf" – die uralte Geschichte von dem Hund mit einem Knochen und von 2 Hunden mit dem gleichen Knochen wiederholt sich immer wieder – war ein Anreiz für andere Kunden. Aber da war vom Sonderangebot

nicht mehr viel da. Worauf diese Kunden, vorher ohne Interesse am Sonderangebot, unseren Einkauf ungehörig fanden, mild ausgedrückt.
Die Moral von dieser Geschichte: Wenn man irgendwo klüger ist als andere Leute, sollte man die Klugheit möglichst tarnen, denn nicht selten wird der Ärmere vom Reicheren beneidet, wenn er trotz Armut noch ganz lustig leben kann.
Noch eine Moral von dieser Geschichte: „Was Hänschen nicht lernt, lernt Hans nimmermehr" – eine alte, brutale Regel. Diese Regel muß nicht, aber kann auch um 180 Grad verdreht gelten: „Was Hänschen gelernt hat, verlernt Hans nimmermehr." Unsere Einkaufsgewohnheiten sind noch wie damals, obwohl, wenn nicht gerade Kinder und Gäste kommen, nur noch für 2 Personen gekocht werden muß. Ich gebe zu, daß diese Sparsamkeit mißverständlich ist. Aber das läßt sich ertragen.

Wirsing

Zutaten:
1 kleiner Kopf Wirsing
Salzwasser
20 g Butter
20 g Mehl
1 Teelöffel Zwiebel
1 Messerspitze Muskat
1 Kartoffel
2 Eßlöffel Rahm
1/8 l Milch
Pfeffer
etwas Streuwürze

Zubereitung:
Wirsing teilen, putzen, waschen, in Salzwasser mit 1 Kartoffel weichkochen. Abseihen, etwas Gemüsebrühe zurücklassen. Im Seiher nur grob zerkleinern oder durch die Fleischmaschine drehen. Helle Einbrenne aus Butter und Mehl herstellen, Zwiebel dazugeben, mit ca. 1/8 l Milch aufgießen, Muskat, Salz, Streuwürze zugeben, 10 Minuten durchkochen lassen. Dann den grob zerkleinerten oder durchgedrehten Wirsing zugeben, mit Rahm und Pfeffer abschmecken.

Gelbe Rüben mit Erbsen

Zutaten:
1 Pfund gelbe Rüben
20 g Butter
1 kleine Zwiebel
Streuwürze
Salz
1 geh. Teelöffel Petersilie, fein geschnitten
etwas Pfeffer
3 Eßlöffel Rahm
1 kleine Dose grüne Erbsen

Zubereitung:
Gelbe Rüben waschen, schaben, in Scheiben oder Stifte schneiden. Zwiebel klein geschnitten in Butter andünsten, gelbe Rüben zugeben, mit 1/8 l Wasser aufgießen, würzen, weichdünsten. 1 kleine Dose grüne Erbsen zufügen und mit Petersilie und Rahm abschmecken.

Liebeserklärung an die Hausfrau

Lob wäre zu wenig, es muß schon eine Liebeserklärung sein. Der Beruf der Hausfrau im allgemeinen und die Kochkunst im besonderen erfordern so viele Fähigkeiten und Erfahrungen wie kaum ein anderer Beruf. Oder wenn man den Vergleich in entgegengesetzter Richtung anstellt: Wer die für Haushalt und Kochen erforderlichen Talente in seinen Beruf einbringt, kann mit außerordentlicher Beförderung rechnen, sofern nicht ein Vorgesetzter, neidisch auf die untergebene Begabung, sein erbitterter Feind ist. Dies sind einige dieser Begabungen und Kenntnisse: Planen, Zusammenhänge erfassen, mit Lust für andere etwas tun, kreative Neugier, Fantasie, rascher Entschluß, Bescheidenheit, insgesamt also Tugenden, die in den üblichen Berufen erfahrungsgemäß kaum zusammentreffen, geradezu sich widersprechen.
Trotzdem, wenn irgendwo im Rundfunk und in der Presse das Lob der „Nur-Hausfrau“ gesungen wird, klingt dieser

Lobgesang ein wenig herablassend und im schlechten Sinn karitativ. Wenn es mehr oder weniger ernst wird, zum Beispiel bei der zum Schlagwort beförderten „Selbstverwirklichung", werden viele Chancen verlangt und angeboten, aber vom Haushalt und von der Hausfrau ist dabei kaum einmal die Rede. Wieso eigentlich? Man könnte einmal einen Test veranstalten, wie lange ein durchschnittlich begabter Mensch braucht, um in einem Anlernberuf geeignet zu sein, und wie lange er braucht für eine durchschnittliche Leistung im Haushalt. Offenbar werden aber immer nur solche Tests angestellt, die ein bestehendes Vorurteil bestätigen sollen.

Neben der „Nur-Hausfrau" gibt es die Berufstätigen, die zusätzlich noch Hausfrau oder Hausmann sein müssen und auch sein wollen. Wie jeder Nebenberuf bringt auch der Nebenberuf der Hausfrau eine Mehrbelastung mit sich, unbezahlte Überstunden noch und noch. Hier lohnt sich eine nüchterne Rechnung.

Wenn Mann und Frau verdienen, geht ein Teil des gemeinsamen Verdienstes wieder verloren, weil neben der achtstündigen Arbeitszeit die Gelegenheiten für sparsames und vorteilhaftes Wirtschaften zwar noch zum Teil vorhanden, zwangsweise aber geringer sind. Mit welchem Prozentsatz auf diese Weise der doppelte Verdienst „besteuert" wird, ist nicht für alle Betroffenen in gleicher Weise feststellbar. Doch lohnt es sich für alle Betroffenen, eine solche Rechnung genau vorzunehmen und die Entscheidung nicht bloß nach Bedarf und Reklame der Wirtschaft, sondern nach dem eigenen Geschmack und den eigenen Verhältnissen zu treffen. Bei solchen Entscheidungen richten wir uns viel zu oft nach irgendeiner Mode und raffiniert verpackten Empfehlungen, statt nach unserem eigenen Urteil.

So bleibt als Grund für die deutliche oder verschwommene Ablehnung der Nur-Hausfrau die oben erwähnte und immer wieder gelobte und geforderte „Selbstverwirklichung". Nachdem es nur relativ wenige Ärzte, Minister, Pfarrer, Dichter und Spitzensportler gibt und nachdem diese Berufe nur bei oberflächlicher Betrachtung sich so sehr von anderen Berufen unterscheiden – was heißt in den vielen anderen Berufen „Selbstverwirklichung"? Vielleicht ist mit „Selbstverwirklichung" eigenes, vom Ehepartner unabhängiges Geld gemeint.

Beim Geld ist die „gute alte Zeit“ deutlich zu verbessern. Abgesehen von der extremen Ausnahme, daß eine Frau oder ein Mann (!) absolut unfähig ist, mit Geld vernünftig umzugehen, muß über Geld gemeinsam entschieden werden. Einseitig dem anderen hier Vorschriften zu machen, ihm die gleichberechtigte Verfügung zu nehmen, ist eine Demütigung, die wir einander ersparen sollten, nachdem unser Leben ohnehin schon von vielen Demütigungen, an die wir uns gewöhnt haben, eingeengt wird. Hier ist eine Erinnerung an den Titel dieses Buches fällig: Demütigung paßt weder zum christlichen, noch zum bayerischen Lebensstil.
Eine kleine Wohnung ohne Kinder bei völlig ausreichendem Verdienst des Partners kann ein Grund sein für einen an sich überflüssigen Doppelverdienst. Für eine Lebensführung, die ein klein wenig die Bezeichnung „christlich“ verdient, kann die Not und Hilfsbedürftigkeit eines anderen Menschen wichtiger sein als eine willkürliche „Selbstverwirklichung“. Solche Not zu sehen, braucht freilich mindestens so viel Sorgfalt und Fantasie wie eines der Rezepte in diesem Buch.

SEHNSUCHT NACH SCHWABEN UND FRANKEN

Die meisten schwäbischen und fränkischen Rezepte haben im „Vereinigten Bayern“ den ihnen gebührenden Platz erobert und trotzdem oder gerade deshalb ihre Eigenart bewahrt. Weil Essen auch ein seelischer und geistiger Vorgang ist, können schwäbische Käsespatzen, von einer schwäbischen Köchin bereitet, besser schmecken als in München, selbst wenn sie dort mit wissenschaftlicher Exaktheit genauso hergestellt werden. Und wer weiß, ob es nicht Kniffe gibt, die für die Wissenschaft nicht mehr, wohl aber für den Gaumen feststellbar sind?

Für fränkische Wurstwaren gibt es im übrigen Bayern kaum Gleichwertiges – Ausnahme für Münchner: Weißwürste. Die Nürnberger Bratwürste, die dann keine mehr sind, gibt es auch mit vielen Zwiebeln in Essigwasser gekocht, offenbar aber unter verschiedenen Bezeichnungen. Wer in Nürnberg eine besondere Delikatesse sucht, sollte einmal nach diesen Würsten fragen. Eine schwache Imitation zu Hause ist möglich, wenn man Schweinswürstl auf die gleiche Weise behandelt.

Sollte dem Genießer dieser Vorschlag nicht einleuchten, kann er sich in den entsprechenden Monaten in Franken einen Karpfen bestellen, der so rösch gebacken ist, daß man die Flossen mitessen kann. Nebenbei: Wer selbst gerne und gut kocht, interessiert sich ganz von selbst dafür, was und wie andere kochen.

Käsespatzen

(schwäbisch)

Zutaten:
250 g Mehl
gut 1/8 l Wasser
Salz
2 Eier
Salzwasser zum Kochen
40–60 g geriebenen Käse
1/2 Zwiebel
20 g Butter

Zubereitung:
Alle Zutaten außer Käse, Zwiebel, Butter zum Teig mischen und sofort portionsweise durch Spätzleseiher in reichlich Salzwasser stoßen (Spätzleseiher so über das kochende Salzwasser halten, daß er nicht eintaucht). Spätzle 5 Minuten kochen lassen, gut abtropfen lassen, *nicht* kalt überbrausen, sondern sofort auf einer Platte lagenweise mit geriebenem Käse anrichten, geröstete Zwiebel mit abgebräunter Butter obenauf geben.

Krautkrapfen

(schwäbisch)

Zutaten:
Zum Nudelteig:
200 g Mehl
2 kleine Eier
Salz
ca. 2 Eßlöffel Wasser

Zur Fülle:
1 Pfund Sauerkraut
25 g Butterschmalz oder Schweinefett
1 geh. Teelöffel Fleischbrühe-Instant
Salz
Zwiebel
1 Prise Zucker
75 g gekochtes Geräuchertes

Zubereitung:
Sauerkraut mit Zutaten und etwas Flüssigkeit 10 Minuten dünsten, erkalten lassen. Nudelteig herstellen, 2 Flecke dünn ausrollen, etwas trocknen lassen. Kraut mit feingeschnittenem Geräucherten auf die Nudelflecke legen, wie Strudel aufrollen, in 5 cm breite Stücke schneiden. Mit der Schnittfläche nach unten in eine ausgefettete Pfanne oder Raine geben und mit etwas Flüssigkeit im Rohr oder auf der Herdplatte ca. 1/2 Stunde gar dünsten.

Drei Gründe für Geselligkeit

Wie soll sonst der Mensch zum Menschen kommen? Einsamkeit ist eine der häufigsten Klagen, die bei den Beratungsstellen aller Art abgeladen werden. Dabei sind diese Klagen oft mit der falschen Erwartung verbunden, daß irgendwo ein Mensch ständig bereit sein müsse für einen Ruf, sich aber auch ohne besondere Umstände zurückziehen werde, wenn man ihn für Hilfe oder Unterhaltung nicht mehr braucht. Für den Ausbruch aus der Einsamkeit und gegen diese Versorgungsmentalität muß man selbst etwas tun. Einfachste Möglichkeit: Geselligkeit.

Weiter: Fast alle berufstätigen Menschen sind Spezialisten, eingespannt in eine sehr intensive, aber enge Mitwirkung am Ganzen des Lebens. Dabei schrumpft unser Horizont auf einen sogenannten Standpunkt ein. Wir werden außerhalb unserer Sparte dem unüberschaubaren Leben gegenüber stur oder hilflos, je nach Charakter. Dieses Spezialistentum kann man nicht rückgängig machen, aber wir können vom anderen Menschen, der auch Spezialist ist, etwas erspüren, wenn wir um einen Tisch herumsitzen. Wir können durch Unterhaltung so viel Ahnung vom Ganzen des Lebens bekommen, wie notwendig ist, damit wir noch im Ganzen des Lebens zu Hause sind. Also Geselligkeit.

Und schließlich: Man kann Geselligkeit nicht einfach mit der von Jesus geforderten Liebe zum Nächsten gleichsetzen. Aber ein Quantum davon kann auch in der Geselligkeit sich zeigen und je nach Umständen einen Menschen glücklich machen.

Um das Ziel dieser Absichten zu erreichen, darf Geselligkeit nicht zu teuer sein, sonst wird man sich zu selten zu einer raschen Einladung entschließen. Es erübrigt sich also ein zu großer Aufwand an Geld und Arbeit. Wenn wir Geld und Arbeit nach oben begrenzen, könnten wir „unten" einige sorgfältige Gedanken zulegen. Zum Beispiel ist es bei einem raschen Besuch eine lieblose und fantasielose Art, bloß Alkohol anzubieten.
Ich kann wenigstens fragen, ob der andere aus Gründen des Geschmacks oder irgendeiner Gefährdung vielleicht lieber eine Tasse Kaffee, Tee, Milch, Sprudel oder Saft haben möchte. Diese Frage kostet mich nicht mehr Geld als die Gedankenlosigkeit, auch kaum mehr Arbeit. Dafür läßt sie mehr Freundlichkeit spüren.

Ochsenmaulsalat
(fränkisch)

Zutaten:
1 Pfund Ochsenmaul
1 Nelke
1/2 Lorbeerblatt
2 Pfefferkörner
1 kleine Zwiebel
1 l Salzwasser

Zur Marinade:
2 Eßlöffel Öl
3 Eßlöffel Essig
1/8 l Flüssigkeit
Salz
1 Prise Zucker
1/2 Tasse Frankenwein
1 große Zwiebel, in Ringe geschnitten
Pfeffer aus der Mühle

Zubereitung:
Ochsenmaul in Salzwasser mit Gewürzen weichkochen. Erkaltet in feine Scheiben schneiden, mit Öl, Essig, Salz, Pfeffer, Zucker, Frankenwein, in Ringe geschnittener Zwiebel anmachen. Ziehen lassen.

Kerschenmännle
(fränkisch)

Zutaten:
250 g Schwarzbrotbrösel
250 g Weißbrotbrösel
2 große Eier, getrennt
1/8–1/4 l Milch
75 g Zucker
50 g Butter
1 Prise Salz
1 gestrichenen Teelöffel Zimt
2 Pfund Schwarzkirschen

Zubereitung:
Schwarz- und Weißbrotbrösel mit Milch anfeuchten. 50 g Butter, 75 g Zucker, 2 Eidotter schaumig rühren, Gewürze dazugeben. Eiweiß zu Schnee schlagen und mit den gewaschenen und abgetropften Kirschen unter den Teig heben. In gefetteter Form mit Butterflocken belegt ca. 1 Stunde braun backen.

Anmerkung:
Diesen Kuchen gibt man zu Kaffee.

Mitbringsel aus der Fremde

Die Liebe zur bayerischen Küche, wie sie in diesem Buch gemeint ist, lebt nicht von Unkenntnis oder ideologischer Enge, sondern von der Erfahrung weiter Wege in der näheren und weiteren Nachbarschaft. Wer an den heimischen Tisch zurückkehrt, wird aus der Fremde manches mitbringen, was er nicht mehr missen möchte und schließlich nicht mehr als fremd empfindet. So ist sogar ein beiderseits ehrlicher Streit möglich, wo etwa die eine oder andere Art von Knödeln ursprünglich zu Hause ist.
Es ist eine tröstliche Aussicht für viele, auch anderweitige Diskussionen, daß ein Erlebnis stärker ist als die Erklärung seines Ursprungs. – Sollten am Ende Philosophen und Politiker kochen lernen?

BEILAGEN

Was heute als Beilage gilt, konnte in früheren Zeiten schon die Hauptmahlzeit sein. Wenn Talent und Sparsamkeit zusammentreffen, ist das auch heute noch möglich, zum Beispiel beim Reiberdatschi, bei den Speck- und Leberknödeln, auch bei allen anderen Knödeln, wenn sie geröstet werden.

Dagegen sind Kartoffelbrei, Salzkartoffeln und Teigwaren aller Art echte „Beilagen" geworden, brauchen also einen Geschmackslieferanten. Notfalls, und bei manchen Gerichten selbstverständlich, reicht für die Ausrichtung des Geschmacks auch eine Soße aus, die vom gestrigen Braten übrigblieb oder aus Fertigsoßen und einigen Zugaben komponiert wird.

An der Soße erweist sich, ähnlich wie bei der Suppe, der persönliche Stil der Köchin. Kleinigkeiten machen den großen Geschmack, z. B. neben sonstigen Gewürzen schon ein paar frische oder getrocknete Pilze, als besondere Verbesserung etwas Wein oder ein Spritzer Likör. Strittig wird bleiben, ob man die Soße durchpassiert, so daß man die Zutaten nur noch schmecken, nicht mehr optisch erkennen kann. Ich bin für das Letztere. In jedem Fall ist die Soße ein eigenes Gefäß wert. Aus Personalmangel wird das in Gaststätten mehr und mehr vergessen. Nur wenn die Soße aus einem eigenen Gefäß geschöpft wird, kann man mit ihr so sparsam respektvoll umgehen, wie es ehedem am bäuerlichen Tisch üblich war.

Rohe Kartoffelknödel

Zutaten:
2 Pfund rohe, mehlige Kartoffeln
1/2 Pfund gekochte Kartoffeln
gut 1/8 l kochende Milch
Salz
1 Semmel
10 g Butter

Zubereitung:
Rohe Kartoffeln waschen, schälen, im Wasser reiben, in einem Tuch sehr fest auspressen. Abgesetztes Stärkemehl zur Kartoffelmasse geben. Sofort mit kochender Milch überbrühen. Die gekochten, geschälten Kartoffeln heiß stampfen und abgekühlt in den Teig geben, salzen, gut durcharbeiten. Probeknödel kochen; sollte er zerfallen, etwas Grieß zugeben. Knödel formen, geröstete Semmelwürfel in die Mitte geben, in kochendem Wasser zugedeckt 20–30 Minuten leicht kochen lassen. Sofort servieren, werden sonst dunkel und hart.

Dreimal Knödel

Die Bayern gingen im Lauf ihrer Geschichte nur dann ins Ausland, wenn sie durch Feldherrn und sonstige Komplikationen dazu gezwungen wurden. Vielleicht sind diesem Volksstamm seit seiner Einwanderung in das jetzige bayerische Land die Mühseligkeiten einer Völkerwanderung so sehr ins Unterbewußtsein gerutscht, daß er jetzt möglichst zu Hause bleibt. Wozu soll er auch verreisen? Er hat zu Hause den schönsten Fjord der Welt, den Königsee; dazu Kultur in Hülle und Fülle, nicht bloß durch die eigenen Fähigkeiten, sondern auch durch zugereiste Kulturträger, die sich sehr rasch akklimatisieren (ausgenommen Föhn), integrieren und ihre anderweitige Herkunft sublimieren. Dazu haben die Bayern einen weltbekannten Märchenkönig – und schließlich eine Speisekarte, die sich sehen lassen kann.
Diese Feststellung der Bodenständigkeit kann in der jüngsten Zeit nur in aller Bescheidenheit gemacht werden, weil jetzt auch Bayern die guten Sitten verlassen und nach Mallorca

fliegen. Diese Entartung könnte der berühmte „Hochmut“ sein, nach dem dann bald der Fall kommt. Bayerischer Hochmut ist durch den Fremdenverkehr allenfalls verständlich, aber nicht entschuldigt.
Gegen die befürchtete Entartung muß jetzt alles, und jedem Spott zum Trotz, auch die Liebe zum Knödel aktiviert werden. Das Verhältnis zu diesen Knödeln ist so vielgestaltig, daß es mir erlaubt sein muß, eigene Erfahrungen einzubringen. Dabei hoffe ich, daß Knödelerlebnisse, wenn sie im Krieg gemacht wurden, nicht schon als Militarismus gedeutet werden.

Ungewohnte Knödel

Ein paar Monate lang war ich Ortskommandant für ein paar französische Dörfer. Weil die damalige Wehrmacht in der Zeit der Besetzung ein umgänglicher Verein und ich ein netter Mensch war, wurde ich öfter in einer französischen Familie zum Essen eingeladen. Ich wollte mich einmal revanchieren, habe dabei aber sowohl den Knödeln wie meiner Kochkunst zu viel zugetraut. Als ich die Knödel schließlich auf den Tisch brachte, waren sie durch die langsame Zubereitung und ohne das Hilfsmittel Schwefel schon dunkelgrau.
Die Franzosen sind im allgemeinen und meine Freunde im besonderen waren höfliche Leute. Ich werde nie die erzwungen freundlichen, aber hinter dieser Maske gequälten Gesichter vergessen, als sie in die Knödel ein Loch bohrten, offenbar in der Hoffnung, daß das Innere ansehnlicher sei als das Äußere.
Die Moral von dieser Geschichte: Ein Verzicht kann besser sein als eine noch so gute, aber falsche Absicht.

Seltsame Knödel

Ich wollte in die Eintönigkeit der Truppenverpflegung ein wenig Abwechslung bringen und legte dem Koch nahe, zu dem damals in Frankreich noch reichlich vorhandenen Fleisch einmal Knödel zu liefern. Er sagte, daß dies mit einer Feldküche nicht möglich sei, die Knödel würden zerfallen. Ich kündigte ihm an, daß er erst dann für den Urlaub in Frage komme, wenn er die Brauchbarkeit einer Feldküche auch für Knödel entdeckt haben würde.

Ein paar Tage später gab es tatsächlich Knödel, kein bißchen zerfallen, sogar erstaunlich kompakt. Die gelbliche Färbung hätte ich noch als eine Laune der Natur oder des Kochs hingenommen, denn man muß dem Ungewöhnlichen – Knödel in Frankreich! – auch Ungewöhnliches zugestehen. Aber das Ungewöhnliche ging noch weiter: Die Knödel schmeckten leicht süßlich, und wenn ich mehr meinem Geschmack als der Wirksamkeit eines Befehls trauen wollte, sogar ziemlich süß. Also: kompakt, gelb und süß. Mir kam die Erleuchtung, die ich in einen so scharfen Rüffel kleidete, daß dem Koch keine Ausrede mehr einfiel: Puddingpulver. Der Koch: Anders wäre es nicht gegangen.
Die Moral von dieser Geschichte: Man muß sich nur zu helfen wissen.

Verzweifelte Knödel

Ein Posten schoß ein Reh, das sich, schon verwundet, zwischen der russischen und unserer eigenen Stellung herumtrieb. Bei der dürftigen Verpflegung war das eine höchst willkommene Bereicherung, und weil unsere Kompanie nur noch aus 35 Mann bestand und diese 35 Mann wußten, daß Kameradschaft beim Essen so wichtig ist wie im Gefecht, reichte es für alle.
Aber wenn es schon einen solchen Glücksfall von Rehbraten gibt, muß man ihn ausbauen. Ich wollte, wenigstens für mich und die nächste MG-Bedienung, Knödel zum Braten. Ein paar Kartoffeln trieben wir auf, teils durch Schläue, teils durch Bestechung, wie es halt damals so ging. Aber: Wir lagen im Nordabschnitt, in einem Sumpfgebiet. In der Tiefe eines Spatenstichs kam das Wasser, braunes Sumpfwasser, anderes hatten wir nicht. Reibeisen hatten wir auch nicht, also schlug ich in einen alten Konservendeckel mit einem langen Nagel (auch der war eine Kostbarkeit) Löcher, dicht an dicht. Durch die ausgefransten Löcher entstand eine Art Reibeisen, und mit Hilfe dieses „Reibeisens“ entstanden schließlich „Knödel“. Sogar kleine am Kanonenofen vorsichtig geröstete Brotbrocken zauberten in der Mitte der Knödel Erinnerungen herbei.
Von meiner Kompanie sind nicht viele Soldaten übriggeblieben. Wenn mir nach dem Krieg der eine oder andere schrieb,

dann nicht über Heldentaten und Leiden, sondern über den Rehbraten mit Knödeln.
Die Moral von dieser Geschichte: Wenn du in ein fremdes Land gehst, nimm ein Reibeisen mit. Und noch eine Erinnerung für die Einheimischen und eine Erklärung für die Zugereisten: So wichtig sind Knödel, genießt sie, solange Frieden ist.

Kartoffelpuffer, Reiberdatschi

Zutaten:
400 g Kartoffeln
4 Eßlöffel Rahm
½ Zwiebel, in Würfel geschnitten
1 Eßlöffel Mehl oder Grieß
Salz
Schmalz zum Ausbacken

Zubereitung:
Kartoffelpuffer:
Kartoffeln schälen, rasch reiben, mit Zwiebel, Mehl oder Grieß und Rahm mischen. Auf der Pfanne dünne Puffer goldbraun braten.

Reiberdatschi:
Eine Bratraine kalt mit Schmalz ausstreichen, Kartoffelmasse ca. ½–1 cm hoch einfüllen und im Rohr goldbraun backen. Backzeit ca. ¾ Stunde.

Beilage:
Sauerkraut.

Gekochte Kartoffelknödel

Zutaten:
1 Pfund gekochte Kartoffeln
40–80 g Mehl
Salz
1 Ei
1 Semmel
15 g Butter
2 l Wasser
Salz

Zubereitung:
Kartoffeln kochen, schälen, heiß durchpressen, erkalten lassen. Mehl, Kartoffeln, Salz, Ei verarbeiten. Mehlmenge hängt von der Feuchtigkeit der Kartoffeln und von der Beschaffenheit des Mehls ab.

Semmel in Würfel schneiden, in Butter goldgelb rösten. Teig zu einer Rolle formen, Scheiben abschneiden, Semmelwürfel in die Mitte geben und Knödel formen. (Probeknödel kochen, wenn zu weich, Grieß oder Mehl zufügen.) In kochendes Salzwasser geben, zudecken bis die Knödel zum Kochen kommen, dann halboffen 1/2 Stunde ziehen lassen.

Leberknödel

Zutaten:
6 alte Semmeln (4–5 Tage)
Salz
ca. 1/4 l Milch, je nach Trockenheit der Semmeln
2 Eier
20–30 g Rindermark
200 g Rinderleber enthäutet, durchgedreht
1 Zwiebel
2- geh. Eßlöffel fein gehackte Petersilie
abgeriebene Schale von 1/2 Zitrone (ungespritzt)
1 geh. Teelöffel Majoran (in der warmen Handfläche zerrieben)
1 geh. Teelöffel Fleischbrühe-Instant
1 Prise Pfeffer aus der Mühle
2 l Wasser
Salz

Zubereitung:
Semmeln in Scheiben oder Würfel schneiden, Eier in der Milch verquirlen, salzen, über die Semmeln gießen, ziehen lassen. Feingeschnittene Zwiebel und Petersilie in Knochenmark andünsten, mit Majoran, Zitronenschale, Fleischbrühe-Instant und Pfeffer würzen. Teig durcharbeiten, mit feuchter Hand Knödel formen, in kochendes Salzwasser geben, aufkochen lassen, ca. 20 Minuten mit halboffenem Deckel leise kochen lassen.

Beilagen:
Sauerkraut oder als Knödel in der Fleischsuppe.

„Brich dem Hungrigen dein Brot, und die im Elend ohne Obdach sind, führe ins Haus.“ (Jesaja 58,7.)

Geniale Armut

Wenn die Christen mehr den Respekt vor ihrem Herrn als ihr öffentliches Ansehen pflegen würden, könnten sie andere und sich selbst überzeugen, daß ihr Glaube ein Motor des Lebens ist. Eine der berühmten Seligpreisungen Jesu lautet: „Selig sind, die geistlich arm sind, denn das Himmelreich ist ihr." Christen fügen meistens allzu eifrig hinzu, daß geistliche Armut, also die Demut vor Gott, natürlich etwas völlig anderes sei als geistige Armut, Dummheit oder gar Armut überhaupt.

Diese eilige Rechtfertigung ist für den Glauben und für das Leben falsch. Für den Glauben deshalb, weil Jesus es immer mit den Armen und Armseligen gehalten hat; für das Leben, weil unter anderem die besseren Autos und die bessere Heizung erst in der Not erfunden werden. Ob auch die Kochkunst in diesem Zusammenhang genannt werden darf, kann nur in einer Zeit der Verschwendung bezweifelt werden, nicht aber in Zeiten der Armut, an die wir uns erinnern, für die wir vorsorgen – oder haben wir die Armut für immer hinter uns? So dumm kann nur hoffen, wer durch Wohlstand dumm geworden ist.

Semmelknödel

Zutaten:
6 alte Semmeln (4–5 Tage)
Salz
ca. 1/4 l Milch, je nach Trockenheit der Semmeln
20 g Butter
1 kleine Zwiebel
2 Eier
1 geh. Eßlöffel gehackte Petersilie
2 l Wasser

Zubereitung:
Semmeln in Scheiben oder Würfel schneiden, Eier in der Milch verquirlen, salzen, über die Semmel gießen, ziehen lassen. Fein geschnittene Zwiebel und Petersilie in Butter leicht anrösten, ebenfalls dazugeben und den Teig mischen.

Probeknödel formen, ist er zu weich, etwas Mehl oder Semmelbrösel zugeben. Die übrigen Knödel mit feuchten Händen formen, in kochendes Salzwasser geben, aufkochen lassen, mit halboffenem Deckel ca. 20 Minuten leise kochen lassen.

Speckknödel

Zubereitung wie Semmelknödel, dazu 100 g geräuchertes Wammerl oder Speck in Würfel schneiden, etwas anbraten, das ausgebratene Fett in die Teigmasse, Würfel in die Mitte der Knödel geben.

Beilage:
Sauerkraut.

AS:
Viel Geschmack durch wenig Fleisch – das ist Kunst.

Vorratswirtschaft

Unsere Großmütter und Leute, die sich an schlechte Zeiten erinnern, hatten und haben immer einen Vorrat an Lebensmitteln. Bei den Großmüttern war diese Vorratshaltung schwieriger als gegenwärtig bei uns. Sie hatten nur einen Keller oder, sofern finanziell und wohnungsmäßig besser gestellt, eine Speisekammer auf der Nordseite der Wohnung. Heute ist der Kühlschrank und die Kühltruhe in den meisten Haushalten zu finden – noch! Es könnte fraglich werden, wie weit die Energie für diese bequemen Geräte erstens erzeugt werden kann und zweitens finanziell in vernünftigen Grenzen bleibt. Vorratswirtschaft wird morgen mehr sorgfältige und kluge Gedanken brauchen als heute – so sorgfältig und klug wie gestern.

1. Von der Hand in den Mund zu leben, erschwert, von anderen Wirkungen abgesehen, nicht bloß die raffinierte, sondern auch die einfache Kochkunst. Ohne Vorratshaltung fehlt immer irgendetwas, vielleicht nur eine Kleinigkeit, die ohne große Kosten den Geschmack ausmacht. Um den Geschmack geht es aber schließlich beim Kochen.

2. Vorratswirtschaft ermöglicht den billigen Einkauf. Sonderangebote werden keineswegs nur für schlechte Waren gemacht, siehe „Der Einkauf“ auf Seite 79.
3. Nur ein vorhandener Vorrat erlaubt beim Kochen die Freiheit der Improvisation, besonders auch bei einem unverhofften Besuch. Es ist hübsch, wenn man einen Gast fragen kann, ob er dies oder jenes essen darf, und wenn man nach dieser Erkundigung auch die Freiheit hat, auf seine Wünsche einzugehen.
4. Alleinstehenden berufstätigen Personen und berufstätigen Ehepaaren hilft der Vorrat mehr zu einem vergnügten Abendessen als die Lektüre in der Zeitung, daß um den Ladenschluß wieder einmal gestritten wird.
5. Offenbar müssen wir mit vielen Krisen leben, in den Nachrichten ist fast täglich davon die Rede. Hat es einen Sinn, für kleinere Krisen dies und jenes zu kalkulieren, wenn im Hintergrund doch immer die große Krise droht, der man durch Vorräte nicht begegnen kann? Doch, es hat einen Sinn. Auch die kleineren Krisen müssen bewältigt werden, und die in diesen Situationen erworbenen Kenntnisse bewähren sich vielleicht sogar in einer größeren Krise, wenn sie nicht die größte ist.

Der Glaube soll das richtige Maß finden zwischen der tödlichen Narretei, durch einen großen Vorrat sich gesichert zu wähnen, und der tödlichen Verzweiflung: „Laßt uns essen und trinken, denn morgen sind wir tot.“ (Lukas 12,16–21 und 1. Korinther 15,32). Essen und Trinken hängt an der obersten Oberfläche und in der untersten Tiefe mit dem ganzen Leben zusammen. Der Glaube hat durchaus in einem Kochbuch etwas zu suchen – und zu finden.

GEWÜRZE

Es sieht hübsch aus: das Regal mit 20 bis 30 Gewürzen in Gläsern, italienisch, französisch, englisch, exotisch und teilweise sogar deutsch benannt. So kommt der Duft der weiten Welt zu den übrigen Düften in die Küche. Aber wer die Wahl hat, hat die Qual, schon beim Aussuchen und unter Umständen auch noch beim Essen.

Kennen Sie die tibetanische Kenwurzel, die, fein zerrieben und darübergestreut, das an sich schon herzhafte Yakfleisch noch rauchiger macht? Trösten Sie sich, wenn Sie die Wurzel nicht haben. Wacholderbeeren tun es genauso, die Kenwurzel habe nämlich bloß ich erfunden.

Verzeihen Sie mir den kleinen Spaß, der selbstverständlich nicht auf Sie, sondern auf einen Ihrer Freunde gemünzt ist. Machen Sie von diesem Spaß gelegentlich Gebrauch, denn was man andere lehrt, merkt man sich schließlich für den eigenen Bedarf. Der tatsächliche Bedarf an Gewürzen ist keineswegs bescheiden oder gar primitiv; denn die wenigen Geschmacksträger in ihrer Wirkung auf verschiedenes Fleisch und Gemüse und dann noch in ihrer Mischung zu kennen und immer wieder einmal neu zu komponieren, ist eine hohe Kunst.

Vernünftige Auswahl

Teils einheimisch, teils ausländisch, aber in der bayerischen Küche heimisch geworden: Pfeffer, Paprika, Muskat, Wacholderbeeren, Gewürznelken, Lorbeerblatt, Majoran, Dill, Bohnenkraut, Petersilie, Sellerie, Zwiebel, Knoblauch, Schnittlauch, Thymian, Kümmel.
Getrocknete grüne Gewürze, wie z. B. Majoran und Bohnenkraut, entfalten ihr Aroma neu, wenn man sie in der hohlen Hand zerreibt. Pfeffer wird immer frisch aus der Mühle gestreut.
Wenn in den Rezepten „Streuwürze" empfohlen wird, sind Würzmittel gemeint, die, von verschiedenen Firmen für verschiedene Geschmacksrichtungen hergestellt, von der Köchin nach ihrem Geschmack ausgesucht werden.
„Instant" bezeichnet bei verschiedenen Marken von Fleischextrakt die leicht lösliche Pulverform.

Der Gewürzgarten

(oder: Reichtum vor dem Fenster)

Im Bauerngarten alter Art, der, weil liebevoll gepflegt und gedüngt, auf kleiner Fläche Großes für die Küche leisten konnte, gab es den noch kleineren Gewürzgarten. In diesem war neben irgendeinem besonderen Geheimnis der Köchin zu finden, was oben („Vernünftige Auswahl") genannt ist. Vermutlich war Sparsamkeit der Hauptgrund für diesen Eigenbau. Daß die Gewürze aber dann so frisch waren, wie man sie nirgends kaufen kann, war die Rendite, die in der Sparsamkeit oft versteckt ist.
Wer in der Stadt wohnt, hat für solche frische Gewürze weniger Möglichkeiten, aber doch einige: auf dem Balkon, am Fenster. Auch wer nur mit ein paar Blumentöpfen wirtschaftet, wird ähnlich wie bei dem geschilderten Gewürzgarten staunen, wie viel auf kleinem Raum erwirtschaftet werden kann, um vom Spaß bei der ganzen Geschichte gar nicht zu reden.

SALATE

Die bayerische Kochkunst beschränkte sich in der Zeit der volkstümlichen und geographischen Enge des Geschmacks auf den Kartoffelsalat und den Krautsalat. Alle weiteren Genüsse kamen sozusagen erst als Mitbringsel von Grenzgängern – hinüber und herüber – ins Land.

Vitamine waren unbekannt, und an den Geschmack durfte man nur innerhalb des Nährwertes besondere Ansprüche stellen. Es entspricht der schon mehrfach erwähnten weltoffenen bayerischen Mentalität, ohne Minderwertigkeitskomplexe von anderen zu lernen, allerdings auch nur das anzunehmen, was sich schließlich bewährt hat. Dies gilt zwar nicht für alle, aber doch für sehr viele der heute angebotenen Salate.

Der Salat ist wie die Suppe gegen Fehler sehr empfindlich, für Fantasie und Feinheiten dagegen ein weites Feld. Beim Salat rächt sich jede Gleichgültigkeit, lohnt sich jede Sorgfalt: bei der Wahl und Prüfung der Blätter und Wurzeln, bei den Gewürzen, besonders beim Essig, der in der Küche in mehreren Sorten und Geschmacksrichtungen vorrätig sein sollte.

Kartoffelsalat

Zutaten:
300 g Kartoffeln (festkochende)
knapp 1/8 l heiße Brühe
2 Eßlöffel Essig
2 Eßlöffel braune Butter oder Öl
Salz
Pfeffer aus der Mühle
Schnittlauch

Zubereitung:
Kartoffeln kochen, schälen, in Scheiben schneiden, fein geschnittene Zwiebel zugeben. Die heiße Brühe mit Salz und Essig abschmecken und mit den 2 Eßlöffeln Öl über die warmen Kartoffeln geben. Mit Pfeffer und Schnittlauch anrichten.
Verwendet man statt Öl braune Butter, dann erst kurz vor dem Auftragen damit mischen.

AS:
Am Kartoffelsalat scheiden sich Nationen, Geister und Weltanschauungen. Dem Bayern schmeckt dieser Salat am besten, wenn er nach der Zubereitung rasch und warm auf den Tisch kommt. Nur wenn er sich zu lange in Wien herumgetrieben hat, der Bayer, möchte er ihn kalt genießen. Ob die Kartoffeln mehr oder weniger speckig sein sollen, ist ebenfalls eine notwendige Entscheidung, aber weniger geographisch vorprogrammiert.
Die großartig vielfache Ausdrucksmöglichkeit der Kartoffel, vom nackten Zustand über Brei und Knödel bis zu Pommes frites, läßt für den persönlichen Geschmack und die persönliche Erfindung ungezählte Möglichkeiten zu. Es wäre ein Jammer, wenn der oder die Kartoffel aus Angst um die „Linie“ in der Küche nur noch ein bescheidenes Dasein fristen dürfte. Man würde ihr eines Tages nachtrauern wie heute dem Hering, seitdem er nicht mehr billig ist.
Übrigens ist „der“ oder „die“ Kartoffel ein ähnliches Sprachproblem wie „der“ oder „die“ Butter. Wer Kartoffeln mit Butter und Salz genießt, wird bei dieser Köstlichkeit das Sprachproblem nicht mehr entscheidend finden.

Weißkrautsalat

Zutaten:
1 kleiner Kopf Weißkraut
1 Prise Kümmel
1 Zwiebel
30 g Speck oder 4 Eßlöffel Öl
4 Eßlöffel Essig
1 Prise Zucker
Salz
Pfeffer aus der Mühle
½ l Wasser

Zubereitung:
Kraut teilen, vom Strunk befreien, waschen, in feine Streifen schneiden, in kochendes Salzwasser geben, ca. 2 Minuten kochen lassen. Das Kraut im Topf leicht stampfen, Wasser bis auf ca. ⅛ l weggießen, sofort mit klein gehackter Zwiebel, Kümmel, 4 Eßlöffel Essig mischen. Öl zugeben oder Speck in Würfel schneiden, ausbraten und heiß in den Salat geben. Mit Pfeffer abschmecken, Salat soll mindestens eine Stunde ziehen.

Grüner Salat (Kopfsalat)

Zutaten:
1 Staude Kopfsalat
1 Eßlöffel Essig
1 Eßlöffel Öl
Salz
1 Kaffeelöffel Zucker
1 Eßlöffel sauren Rahm
Petersiliengrün
Schnittlauch
Dill
etwas Streuwürze

Zubereitung:
Salat mit den Händen zerpflücken (kein Messer benutzen, Salat wird sonst rostig), gründlich waschen und in einem Seiher trocken schütteln. Marinade aus den angegebenen Zutaten, gehackten Kräutern bereiten und den Salat kurz vor dem Anrichten damit mischen.

„Auswärts" essen

Wenn Freunde uns erzählen, daß sie da oder dort wunderbar gegessen, also „gespeist" hätten, hören wir diese Empfehlungen nur mit großer Zurückhaltung, denn auf solche Empfehlungen sind wir, wenn auch nur innerhalb weniger Versuche, zu oft hereingefallen. Es schmeckte nicht halb so gut wie zu Hause, und wenn es doch einmal fast wie zu Hause schmeckte, mußte ich vorher den Ärger über die lange Wartezeit und gelegentlich auch über eine unfreundliche Bedienung hinunterschlucken.
Gegen den Vorwurf, daß ich die Hausmannskost übermäßig preisen und das „auswärtige Essen" ungerecht herabsetzen würde, wehre ich mich durch den Hinweis, daß auch renommierte Zeitungen in längeren Untersuchungen sich mit den Angeboten des Gaststättengewerbes auseinandersetzen. Daß diese Zeitungen vor allem Nobellokale aufs Korn nehmen, ist recht und billig – „billig" freilich nicht auf die Preise bezogen.

Wenn ich nach einer Erklärung suche, warum manche unserer Freunde immer wieder irgendein „auswärtiges Essen" loben: Vielleicht fehlt ihnen die Vergleichsmöglichkeit, weil sie selbst zu wenig und also nicht gut genug kochen und niemand haben, der es für sie tut.

Selleriesalat

Zutaten:
1 große Knolle Sellerie
Salzwasser zum Kochen
2 Eßlöffel Öl
3 Eßlöffel Essig
Salz
1 Prise Zucker
ca. 1/8 l Wasser
etwas gemahlenen Pfeffer

Zubereitung:
Sellerie waschen, in Salzwasser weichkochen, erkalten lassen. Sellerie schälen, in nicht zu dünne Scheiben schneiden, Marinade und Öl dazugeben, am besten über Nacht ziehen lassen. Mit etwas gemahlenem Pfeffer anrichten.

AS:
Selleriesalat ist sehr gut zu Ente und Gans.

Bohnensalat

Zutaten:
1 Pfund grüne Bohnen
Bohnenkraut, frisch oder getrocknet
Salzwasser zum Kochen

Zur Marinade:
1 Eßlöffel Öl
2 Eßlöffel Essig
Salz
1 Prise Zucker
1/2 Zwiebel
etwas gemahlenen Pfeffer

Zubereitung:
Bohnen waschen, Fäden entfernen, brechen oder in Streifen schneiden. In Salzwasser mit Bohnenkraut weichkochen. Noch heiß mit Marinade anmachen, 2 Stunden ziehen lassen. Mit Pfeffer abschmecken.

Der Mann lernt kochen

Eine Frau, die ihrem Mann das Kochen beibringt, sollte wissen, was sie tut. Unter Umständen, wenn er eine gewisse Eigenständigkeit erreicht hat, äußert sich die männliche „Brutalität" in ständiger Nörgelei, Nachwürzen, oder auch auf die „zurückhaltende" Weise, daß der kochkundige Ehemann das von der Frau bereitete Essen zur Hälfte mit einem Seufzer der Ergebung und unter Hinweis auf fehlenden Hunger stehen läßt.
Deshalb, siehe oben, sollte eine Frau wissen, was sie tut, wenn sie den Ehemann auch in der Kochkunst zu ihrem Partner erhebt. Vielleicht müßte sie sein Interesse wieder auf ein anderes Hobby lenken, wenn sie ihm die zweifellos immer brauchbaren Anfangsfähigkeiten beigebracht hat.

MEHLSPEISEN

Die Mehlspeise war früher, wie mehrfach in diesem Buch dargelegt, eine Hauptmahlzeit. Die Zutaten waren so einfach, wie eben im bäuerlichen Haushalt vorhanden: Mehl, Eier, Schmalz, Milch. So mußte sich die Fantasie der Köchinnen über Generationen hinweg anstrengen, um aus den gleichen Zutaten Mahlzeiten von unterschiedlichem Geschmack und unterschiedlicher Form zu gestalten. Die Fantasie hat das geschafft.

Diesen hohen Rang haben die Mehlspeisen inzwischen in der durchschnittlichen bayerischen Küche weithin verloren und nicht einmal als Fastenspeise behalten können – schade. Die Diktatur des Fleisches hat praktisch keine Konkurrenz mehr, besonders auch durch das Vorurteil, daß ein europäischer Mensch, im Gegensatz zu vielen hundert Millionen Menschen in anderen Erdteilen, ständig satt sein müsse. Wenn er diese Sättigung durch Mehlspeisen ohne die zugehörige körperliche Arbeit erreichen will, wird er dick, verliert seine Linie.

Es ist höchst seltsam und der Ausdruck einer materialistischen Weltanschauung, daß unter „Linie" immer nur das Gewicht, nicht der Stil des Essens gemeint ist. Zwischen der früheren, aus Armut geborenen Diktatur der Mehlspeise und der aus heutigem Wohlstand geborenen Diktatur des Fleisches gibt es Bewegungsmöglichkeiten für christlich-bayerische Einfälle an Abwechslung, Geschmack und Form. Manche dieser Mehlspeisen brauchen große Sorgfalt und sogar Glück, um zu werden, was sie sein sollen.

Kaiserschmarrn

Zutaten:
250 g Mehl
Salz
3 Eier, getrennt
ca. 3/8 l Milch (je nach Eiergröße)
Butterschmalz zum Ausbacken

Zubereitung:
Aus Mehl, Eidotter, Milch und Salz einen Teig herstellen, Eiweiß zu Schnee schlagen, vorsichtig unterziehen, nicht mehr rühren. Teig in das heiße Schmalz geben, ca. 1 cm hoch, auf beiden Seiten goldbraun anbacken, mit 2 Gabeln in nicht zu kleine Stücke reißen, überzuckern.

Beilage:
Apfelmus.

Apfelstrudel

(für 4 Personen)

Zutaten:
Zum Teig:
1/2 Pfund Mehl
1 Ei
1 Eßlöffel Öl
ca. 1/8 l lauwarmes Wasser

Zur Fülle:
3 Pfund säuerliche Äpfel
8 Eßlöffel braune Butter
1/4 l saurer Rahm
100 g Zucker
abgeriebene Schale einer ungespritzten Zitrone
1 Prise Zimt je Strudel
Saft einer Zitrone

Zubereitung:
Mehl mit Öl, Ei, Salz und lauwarmem Wasser zu einem weichen Teig verarbeiten, mit dem Kochlöffel abschlagen, bis

der Teig Blasen wirft und sich vom Topf löst. 2 Kugeln formen, zugedeckt 1/2 Stunde ruhen lassen.
In der Zwischenzeit Äpfel waschen, schälen, vierteln, in dünne Scheiben schneiden, mit Zitronensaft mischen.
Teig auf bemehltem Tuch tellergroß ausrollen, mit bemehlten Händen dünn ausziehen. Die braune Butter, sauren Rahm auf dem Strudelteig verteilen, mit den vorbereiteten Äpfeln bestreuen, Zucker und Zimt würzen. Ränder ca. 5 cm einschlagen. Den Strudel mit Hilfe des Tuchs locker aufrollen und in die gefettete Form gleiten lassen.
3/4–1 Stunde goldgelb backen. 20 Minuten vor Backende 1/4 l kochende Milch, Salz, 50 g Zucker, 20 g Butter über den Strudel gießen. Die Flüssigkeit muß vor dem Servieren ganz eingesogen sein. Eventuell am Rand mit einer Gabel den Strudel lockern, daß die Milch eindringen kann.
Beim Servieren mit Zucker und Zimt bestreuen.

Diät-Apfelstrudel
Man kann den Strudel mit Ausnahme der gefetteten Form ganz ohne Butter und Zucker herstellen. Man verwendet dann saure Milch oder Joghurt statt Rahm und Butter und Sionon-Zucker.

Gebetete Meditation

„Ich danke dir, mein Vater, daß du alle Kreatur uns dienstbar gemacht hast. Ich bitte und hoffe, daß deine Kreatur nicht zu sehr leidet, wenn sie unserem Leben dienstbar sein muß. Du hast es so eingerichtet, daß wir nur dann leben können, wenn fremdes Leben, Pflanzen, Tiere und auch die anorganische Kreatur in uns eingehen. Du hast es für uns anschaulich gemacht, daß wir nicht aus uns selbst leben. Vergib uns, wenn wir das zu oft vergessen.
Ich danke vor deinem Angesicht dem Korn, das unter Sonne, Regen und Wind, Kälte und Hagelschlag geduldig für mich gewachsen ist. Ich danke vor deinem Angesicht dem Weinstock, der aus Erde und Stein seinen wunderbaren Geschmack gezogen hat. Auch für den Hopfen, der zur Unterhaltung anregt. Ich danke jeder Kreatur, von der ich nicht einmal weiß, daß sie meinem Leben dient.

Vater Jesu und mein Vater, ich lobe den Bauern, der den Acker bestellt hat mit der Hand und mit der Maschine. Ich gedenke der Großmutter, die während der Arbeit der Jungen die Kinder versorgt hat. Ich gedenke des Händlers, der nur so viel Gewinn nahm, daß ich mein tägliches Brot bezahlen kann. Ich gedenke der Menschen, die das Brot backen, und der Hausfrauen, die unser Essen kochen. Ich gedenke ihrer und danke ihnen.
Ich danke dir, Herr, daß du all diesen Menschen die Fähigkeit und die Bereitschaft gegeben hast, mir zu dienen. Achte darauf, daß der Lohn, den ich für diese Dienste bezahle, mich nicht hartherzig macht, als müßte ich nach Begleichung einer Rechnung nun niemand mehr danken. Achte darauf, daß der Lohn, den ich für Dienste gebe, anderen Menschen wieder einen guten Dienst leistet.
Lieber Herr und Gott, du läßt mich leben, indem anderes Leben für mich gegeben wird. Erinnere mich daran, daß auch ich in dieser Reihe stehe. Hilf mir zu der Einsicht, daß jeder Dienst Leben schafft, Freude dem Geber und Freude dem Empfänger. Hilf mir zu glauben und zu hoffen, daß alle Kreatur mit mir das Größte noch vor sich hat, die Heimkehr zu dir, das Einverständnis mit dir in Kraft und Herrlichkeit."

(Aus Adolf Sommerauer: *Diesseits und Jenseits. Training für mehr Leben.* 2. Aufl. Gütersloh 1979.)

Semmelschmarrn

Zutaten:
4 zwei bis drei Tage alte Semmeln
ca. 3/8 l Milch
2 Eier
Salz
Butterschmalz

Zubereitung:
Semmeln in dünne Scheiben schneiden. Milch mit Eiern und Salz verquirlen, über die Semmeln gießen, wenden. 1/2 Stunde ziehen lassen, in heißem Fett goldbraun ausbacken. Mit 2 Gabeln zerpflücken, mit Zucker bestreut anrichten.

Beilage:
Apfelmus.

Topfenstrudel

(für 4 Personen)

Zutaten:
Zum Strudelteig:
250 g Mehl
1 Eßlöffel Öl
Salz
1 Ei
ca. 1/8 l lauwarmes Wasser
etwas Butter zum Bestreichen

Zur Fülle:
3 Pfund Topfen, mager
3 Eier, getrennt
200 g Zucker
1 Päckchen Vanillinzucker
abgeriebene Schale von 1/2 Zitrone (ungespritzt)
1/8 l Rahm
1 geh. Eßlöffel Grieß
1/4 l Milch
1 Prise Salz
50 g Zucker

Zubereitung:
Mehl mit Salz, Öl und lauwarmem Wasser zu einem weichen Teig verarbeiten, mit dem Kochlöffel abschlagen, bis der Teig sich von der Schüssel löst. In 2 Kugeln formen, mit Butter bestreichen, zugedeckt ½ Stunde ruhen lassen. In der Zwischenzeit Topfen, 3 Eidotter, 200 g Zucker, Rahm, 1 Eßlöffel Grieß, Vanillinzucker und Zitronenschale schaumig rühren, 3 Eischnee vorsichtig unter die Masse heben.
Teigkugel auf bemehltem Tuch tellergroß ausrollen, mit bemehlten Händen dünn ausziehen. Fülle gleichmäßig auf dem ausgezogenen Teig verteilen, Enden ca. 5 cm einschlagen, locker mit dem Strudeltuch aufrollen und in die gefettete Form geben. ¾–1 Stunde goldgelb backen. 20 Minuten vor Garzeit ¼ l Milch mit Salz und Zucker kochend über den Strudel gießen. Flüssigkeit muß ganz einziehen, eventuell auf der Seite mit einer Gabel etwas lockern.

Diät-Topfenstrudel
Dieser Strudel kann auch mit Sionon und ohne Rahm zubereitet werden, er schmeckt auch dann noch gut.

Fasten

Zur Grunderfahrung des biblischen Glaubens gehört es, daß ich Gott weder für irgendeinen Zweck gebrauchen noch bestechen kann, daß aber jede Ehre, die ich Gott gebe, als Erneuerung und Vertiefung des Lebens zu mir zurückkommt. So auch beim Fasten. Ein zeitweiliger Verzicht auf Essen und Trinken und Genüsse ist heute ein schon fast zu leichtfertig angebotenes Rezept bei Herz- und Kreislaufkrankheiten und anderen Defekten. Aber wer sich auch nur an ein solches übliches Rezept hält, kann überrascht feststellen, daß bei einem intensiven Fasten noch mehr als geplant und erwartet passiert, nämlich Kräftigung und Klärung von Gedanken und Empfindungen. Primitiv ausgedrückt, ist diese Erfahrung in der alten Regel enthalten, daß ein voller Bauch nicht gern studiert. Weiter ergibt sich aus dem Verzicht auf Essen und genußvolles Trinken ein keineswegs alltäglicher Respekt vor dem täglichen Brot und auch vor dem Luxus, den wir uns zu manchen Zeiten leisten. Wer wissen möchte, wie herrlich ein Stück Brot schmeckt, muß es

eine Weile entbehren. Es genügt nicht, von KZ-Häftlingen oder Rußlandheimkehrern oder Großmüttern sich erzählen zu lassen, wie kostbar das Brot einmal war. Öfteres Fasten, solange es uns so gut geht wie gegenwärtig in unserem Land, wäre schließlich auch ein wirksames Mittel gegen eine Seuche: gegen die teils offenbare, teils verborgene Lebensunlust durch Übersättigung.
Insgesamt werde ich mehr und mehr die Erfahrung bestaunen, die sich in vielen Jahrhunderten der Glaubenspraxis angesammelt hat, zum Beispiel auch die gescheite Regel, daß das Fasten auf bestimmte und beschränkte Zeiten festgelegt wurde. Die bestimmten Zeiten helfen mir gegen die Illusion, daß es gleichgültig sei, wann ich beginne. Ein ständig hinausgeschobener Anfang wird nämlich keiner. Die Beschränkung hilft mir zu der Einsicht, daß Fasten keine Verneinung, sondern eine Förderung des Lebens ist, in jeder Hinsicht, einschließlich Genuß.

Grundrezept Hefeteig

Zutaten:
250 g Mehl
1 Prise Salz
bis 1/8 l Milch
1 Ei
30 g Butter
25 g Zucker
abgeriebene Zitronenschale (ungespritzt)
10 g Hefe

Zubereitung:
Hefe mit etwas Zucker und 1 Eßlöffel lauwarmer Milch verrühren. Mehl in eine Schüssel geben, angerührte Hefe in der Mitte mit etwas Mehl verrühren, leicht mit Mehl überstauben.
Dieses „Dämpferl“ (Vorteig) zugedeckt gehen lassen, bis es nochmal so groß ist. Weiche Butter, Zucker, Salz, Zitronenschale abgerieben, Ei und Milch an den Mehlrand bringen.
Teig mit allen Zutaten gut abschlagen, bis er Blasen wirft und sich vom Rand der Schüssel löst. An warmer Stelle gehen lassen, dann weiterverarbeiten für eines der folgenden Rezepte.

Dampfnudeln

Zutaten:
Zum Teig:
250 g Mehl
1 Prise Salz
10 g Hefe
1 Ei
30 g Butter
30 g Zucker
Zitronenschale, abgerieben

Zum Kochen:
30 g Butter
1/8 l Milch
20 g Zucker
1 Prise Salz

Zubereitung:
Weichen Hefeteig nach dem Grundrezept auf Seite 115 herstellen. In einen gut verschließbaren Topf Butter, Milch, Zucker und Salz geben. Kleine Nudeln formen, in die Flüssigkeit setzen, 10 Minuten gehen lassen. Den Topf auf die Herdplatte stellen (Asbestuntersetzer benutzen, brennt sehr leicht an). 1/2 Stunde bei kleiner Flamme leicht kochen lassen, Deckel darf nicht abgenommen werden. Wenn die Nudeln fertig sind, fangen sie an, leicht zu krachen. Dann Deckel abnehmen, die Flüssigkeit muß aufgesogen sein. Eine leichte Bräunung, „Ramerl" genannt, ist Vollendung.

Beilage:
Vanillesoße

Zutaten:
1/4 l Milch
1 Ei getrennt
30 g Zucker
1 geh. Teelöffel Stärkemehl
1 Päckchen Vanillinzucker oder 1 Stückchen Vanille, aufgeschnitten und ausgeschabt
3 Eßlöffel Rahm
1 Prise Salz

Zubereitung:
Milch mit Salz, Vanillinzucker oder Vanille zum Kochen bringen, Eigelb, Zucker, Stärkemehl mit etwas kalter Milch anrühren, mit dem Schneebesen in die kochende Milch geben, aufpuffen lassen, vom Herd nehmen. Eischnee unterziehen, Rahm dazugeben. Man kann die Soße kalt oder warm zu Dampfnudeln servieren.

Übung

Ich werfe nie ein Stück Brot in den Abfall, und wenn es mir durch Gedankenlosigkeit passiert ist, hole ich es wieder heraus. Diese Sorgfalt gehört zu den ersten Regeln, die ich meinen und notfalls fremden Kindern zu erklären versuche, und notfalls befehle. Was durch falsche Einteilung für Menschen ungenießbar wurde, will ich wenigstens für Tiere weiterverwenden. Möglichkeiten dafür werde ich auch in der Stadt finden, wenn ich nur genügend Respekt vor dem Brot und vor jeder Nahrung habe.

Rohrnudeln

Zutaten:
250 g Mehl
1 Prise Salz
bis 1/8 l Milch
1 Ei
30 g Butter
25 g Zucker
abgeriebene Schale einer Zitrone (ungespritzt)
10 g Hefe

Zum Backen:
Butterschmalz

Zum Bestreuen:
Zucker und Zimt

Zubereitung:
Mittelfesten Hefeteig nach Seite 115 herstellen, mit dem Eßlöffel kleine Nudeln abstechen, mit der Hand auf bemehltem Brett formen, in die Raine geben, in der zerlassenen Butter wenden. Nicht zu eng setzen. Nochmal 20 Minuten gehen lassen. Bei Mittelhitze goldbraun backen, 2 Minuten stehen lassen, auf einen Rost stürzen, mit Zucker und Zimt bestreuen. Wenn erkaltet auseinanderreißen.

Abwandlung:
Rohrnudeln gefüllt mit Marmelade:
Man gibt in jede Nudel 1 Teelöffel Marmelade und verfährt wie bei Rohrnudeln.

Zwetschgennudeln:
Man formt die Nudeln etwas größer und gibt in die Mitte 1 oder 2 entkernte Zwetschgen mit etwas Zucker und Zimt.

AS:
In Gaststätten wird jetzt öfter Vanillesoße zu Rohrnudeln gegeben. Das ist ein Verstoß gegen Brauch und Geschmack und vielleicht so zu erklären, daß die viel schwierigeren Dampfnudeln, zu denen Vanillesoße passen würde, nicht auf den Speisezettel kommen. Also ein Ersatzangebot.
Rohrnudeln werden zum Kaffee gegessen, oder ohne alles.

Pfannkuchen

Zutaten:
200 g Mehl
Salz
2 Eier, getrennt
3/8 l Milch

Zum Ausbacken:
Butterschmalz

Zur Fülle:
Marmelade oder Zucker

Zubereitung:
Aus Milch, Mehl, Salz, 2 Eidottern einen Teig herstellen. Eischnee unterheben, Pfannkuchen ausbacken, mit Marmelade bestreichen oder mit Zucker bestreuen, aufrollen und sofort servieren.

...zweitens, als man denkt

Wir spielten zu dritt in eine Skatkasse, die wir einmal im Jahr für unsere Frauen ausleerten, um sie für unsere Abwesenheit aus den Familien zu entschädigen. Als sich die Sudetenkrise entwickelte, erinnerten wir uns an frühere Perioden der deutschen Geschichte und kauften mit dem Geld der Skatkasse Vorräte: Erbsen, Linsen und Bohnen. Dann kam kein Krieg, wir hatten Vorräte, aber nichts mehr in der Skatkasse. Wir verpflichteten uns gegenseitig, entsprechend der jeweiligen Kinderzahl bei uns selbst einzukaufen. Also gab es in den drei Familien viele Hülsenfrüchte zum Essen.
1939 spitzte sich wieder eine Krise zu. Wir erinnerten uns an die leere Skatkasse und beschlossen, diesmal keinen Vorrat anzulegen, wir kauften nichts. Wir lachten herzlich, als wir ein paar Tage später statt der Vorräte Lebensmittelkarten hatten. Wenn wir alles gewußt hätten, was hernach kam, hätten wir weniger herzlich gelacht.
Die Moral von dieser Geschichte: Niemand ist verpflichtet, beim Vorrat oder beim Essen oder beim Leben überhaupt den gleichen Fehler zweimal zu machen. Manchmal aber lohnt es sich doch, einen „Fehler" zweimal zu machen.

120

NACHSPEISEN

Die Zeiten der Armut liegen noch nicht weit zurück, siehe die Erinnerungen „Vor 60 und mehr Jahren“ auf Seite 143. Diese armen Zeiten wurden durch noch ärmere Zeiten während der Kriege immer wieder in Erinnerung gebracht.

Armut und Nachspeise sind ein Widerspruch in sich selbst. Auch das einfachste Kompott war ursprünglich keine Nachspeise, sondern Zugabe zur Hauptmahlzeit, zur Mehlspeise. Bei wachsendem Wohlstand oder bei besonderen Festen konnte dann die Mehlspeise von der Mitte des Essens auf den „Nachtisch“ verdrängt werden – aber eigentlich doch nicht so ganz und nur mit einem etwas schlechten Gewissen. Was ehedem Hauptsache war, zur Nebensache zu degradieren – dagegen sträubt sich der bayerische Respekt vor den Gewohnheiten der Väter. Wenn schon Nachspeise, dann lieber eine Erfindung, die gut schmeckt, aber doch von außen kommt und deshalb leichter als genüßliche Spielerei angenommen werden kann.

Kein Zweifel, daß eine solche Spielerei die schwerfällige bayerische Kost auflockert. Nichts dagegen, alles dafür – solange die Lust an der Spielerei nicht den Platz in der Mitte beansprucht. Das wäre nicht mehr bayerisch.

Topfennachspeise

Zutaten:
½ Pfund Magertopfen
Saft von 2 Zitronen
abgeriebene Schale von ½ Zitrone (ungespritzt)
2 geh. Eßlöffel Zucker
200 g Schlagrahm (geht auch ohne)
10 g bittere Schokolade

Zubereitung:
Topfen schaumig rühren, wenn zu trocken, etwas Milch zugeben. Saft von 2 Zitronen, die Schale von 1 Zitrone abgerieben, 2 Eßlöffel Zucker zugeben. Am Schluß den mit 1 Kaffeelöffel geschlagenen steifen Rahm zufügen. Mit 10 g bitterer Schokolade bestreuen.

Luxus

Luxus beginnt nicht erst da, wo ein Mensch zwei Wohnzimmer hat oder ein über dem Durchschnitt liegendes Einkommen. Luxus ist alles, was ich eigentlich nicht brauche, und genau genommen brauche ich sehr wenig.
Das Wesen des Menschen ist nicht an seiner Haut zu Ende, er hat nicht bloß eine Umwelt, sondern er schafft sie sich, und so weit es irgend möglich ist, schafft er sich eine schöne Umwelt. Nichts dagegen! Schwierig ist erst die Grenze zwischen Luxus und Verschwendung.
Auf die Eßgewohnheiten bezogen: Wenn ich – selbstverständlich abgesehen von Krankheit – keinen Hunger und nicht einmal Lust auf ein besonderes Essen habe, dann ist es höchste Zeit, zu hungern und mindestens (!) das durch Hunger Ersparte an andere als ihr „tägliches Brot" weiterzugeben – „Brot für die Welt" und „Misereor".
Hervorragend geeignet für dieses Exempel: 8 Tage oder 4 Wochen vom staatlich festgelegten sogenannten Existenzminimum leben. Dabei muß man sich aber beim Sozialamt genau erkundigen, damit man nicht schon eine kleine Ermäßigung für das Existenzminimum hält.

Apfelkücherl

Zutaten:
3 große säuerliche Äpfel (Boskop)
2 Eßlöffel Zucker
1 Eßlöffel Rum
1 Prise Zimt

Zum Backteig:
200 g Mehl
Salz
2 Eier, getrennt
¼ l Milch

Zum Ausbacken:
Butterschmalz

Zubereitung:
Äpfel schälen, Kernhaus ausstechen, in 1 cm dicke Ringe schneiden, Zucker mit Rum tränken, die Scheiben darin wenden, durchziehen lassen. Pfannkuchenteig herstellen, Eischnee unterheben, Apfelringe darin wenden und schwimmend in heißem Butterschmalz goldbraun ausbacken. Mit Zucker und Zimt bestreuen.

Apfelkompott

Zutaten:
1 Pfund Äpfel
2 Streifen Zitronenschale (ungespritzt)
1 Stückchen Zimtrinde
50–100 g Zucker
½ l Wasser

Zubereitung:
Äpfel waschen, schälen, vierteln, in schmale Spalten schneiden, in Zuckerwasser mit Zitronenschale und Zimtrinde weichkochen.

„Lobe den Herrn meine Seele, und vergiß nicht, was er dir Gutes getan hat." (Psalm 103.)

Denkanstoß

Wenn es nicht wahr ist, ist es nicht bloß gut erfunden, sondern als Denkanstoß richtig: Wenn man Honig bei westlichem Lohnniveau und einschließlich Soziallasten aus den ungezählten Blüten durch menschliche Arbeitskraft sammeln lassen würde, müßte 1 kg ungefähr 1½ Millionen Mark kosten.
Ein in den Müll geworfenes Butterbrot vernichtet – Korn, Zutaten und Butter zusammengerechnet – die Ernte von einem Quadratmeter Boden.
Ob Rechnungen jemals Menschen zum Nachdenken brachten? Offenbar nur bei den ganz großen Mathematikern.

Hollerküchel

Zutaten:
10–12 Hollerblüten (Holunder)
Backteig wie bei Apfelkücherl
Zucker
1 Prise Salz

Zum Backen:
Butterschmalz

Zubereitung:
Hollerblüten gut waschen, ausschleudern, im Teig wenden und schwimmend in heißem Butterschmalz goldbraun ausbacken. Mit Zucker bestreuen.

Herbstkompott

Zutaten:
10 Stengel ausgereifte Hollerbeeren (Holunder)
3 Birnen
3 Äpfel
½ Pfund Bauernzwetschgen
3 Streifen Zitronenschale, Saft einer Zitrone
etwas Zimtrinde
50–100 g Zucker
½–¾ l Wasser

Zubereitung:
Alle Zutaten gründlich waschen, Beeren von den Stengeln abstreifen, Birnen und Äpfel schälen, in Spalten schneiden, Zwetschgen entkernen. In Zuckerwasser mit Zimtrinde weichkochen. Saft einer Zitrone zugeben.

AS:
Das beste Kompott, das ich kenne, wahrscheinlich auch das gesündeste. Sehr geeignet, wenn einem Gast ein kleines Geschenk für zu Hause mitgegeben werden soll.

Frau und Kinder

Es ist nicht bloß eine Sage, daß Frau und Kinder noch vor einigen Jahrzehnten weniger zu essen bekamen als der Vater. Wenn dieser für das tägliche Brot der Familie harte Arbeit mit dem entsprechenden Bedarf an Kalorien verrichten mußte, war diese „Brutalität" manchmal – nicht immer – eine harte und schmerzliche Notwendigkeit.
Einer uns bekannten Frau ist es eine bleibende Erinnerung aus der Kindheit, daß der Vater die Mutter anbrüllte: „Ich habe dir schon hundertmal gesagt, du sollst die Kinder hinausschicken. Die schauen jedem Brocken nach, daß er einem im Hals stecken bleibt."
Weiß ich, was alles daran hängen kann, wenn ich um das tägliche Brot bitte?

Ausgezogene Nudeln (Knienudeln)

Zutaten:
250 g Mehl
gut 1/8 l Milch
1 Prise Salz
5 g Hefe
1 Ei
etwas Butter zum Bestreichen
Zitronenschale, abgerieben (ungespritzt)

Zum Backen:
Butterschmalz

Zubereitung:
Weichen Hefeteig herstellen, siehe Seite 115. Sofort kleine Nudeln mit dem Löffel abstechen, formen und auf bemehltem Brett 10 Minuten gehen lassen. Mit gefetteten Fingern die Nudeln ausziehen, daß innen der Teig sehr dünn ist und außen ein stärkerer Rand entsteht. In das heiße Butterschmalz geben, ein paarmal übergießen, daß die Kücherl auflaufen. Vorsichtig umdrehen, goldbraun fertigbacken. Die Nudeln sollen innen hell bleiben. Mit Zucker bestreuen.

AS:
Es wird erzählt, und vielleicht stimmt es sogar, daß die etwas schwierige Form dieser Kücherl, auch „Knienudeln“ genannt, dadurch entstand, daß die Köchin das Kunstwerk über dem Knie formt. Böse Menschen fragen dann, wann die Köchin zuletzt gebadet hat. Es ist aber anzunehmen, daß hinter dieser Verdächtigung nur der uralte Trick steckt, anderen den Appetit zu verderben, damit für den Appetitverderber mehr übrigbleibt.

Zwetschgenknödel

Zutaten:
Zum Teig:
1 Pfund gekochte Kartoffeln
ca. 50 g Mehl
Salz
1 Ei
ca. 300 g Bauernzwetschgen
Würfelzucker

Zum Kochen:
2 l Wasser
Salz

Zum Panieren:
150 g Semmelbrösel
50 g Butter
2 gehäufte Eßlöffel Zucker
1 Messerspitze Zimt

Zubereitung:
Kartoffelteig herstellen, Rolle formen, Scheiben abschneiden, je 1 entkernte Zwetschge, in die man ein Stück Würfelzucker legt, mit Teig einwickeln, Knödel formen (nicht zu dick). In das leicht kochende Wasser einlegen, 5 Minuten ziehen lassen. Semmelbrösel in Butter goldbraun rösten, mit Zucker und Zimt mischen, Knödel aus dem Wasser nehmen, auf dem Sieb abtropfen lassen und noch feucht in den Bröseln wenden, sofort auftragen. Restliche Brösel darüberstreuen.

Die Macht der Verführung

Offenbar ist es für einen heutigen „mündigen" Menschen eine Beleidigung, wenn man ihn für verführbar hält. Wo doch jeder von seinen vielfachen Freiheiten, von den PS seines Wagens bis zur Schwangerschaftsunterbrechung, selbstverständlich nur verantwortlich Gebrauch macht! Es gibt Leute, für die dieser weitverbreitete Größenwahn bares Geld bedeutet: die Fachleute der Reklame. Der Trick dieser rentablen Kunst besteht darin, einem Menschen weis zu machen, daß er selbst will, was ein anderer will.

Die Macht der Verführung reicht von den kleinen Dingen, die in Supermärkten für Kinder sichtbar und greifbar in den Regalen eingeordnet werden, bis hinauf zur großen Politik, und von großen wirtschaftlichen Entscheidungen bis herab zu den Schaufenstern und zum gefüllten Kühlschrank, der deshalb verschließbar sein sollte.

Damit kein Irrtum entsteht: Nichts gegen einen Fortschritt, der seinen Namen auch bei näherer Betrachtung noch verdient. Auch nichts gegen Reklame, wenn sie durch Humor entgiftet ist. Aber im kleinen wie im großen: Wachsamkeit gegen die Künste der Verführer.

DER EINTOPF

Der Eintopf als Realität ist alt. Wenn die Lebensmittel knapp sind oder wenn es eilig ist, liegt es nahe, ohne besondere Umstände in einem Topf unterzubringen, was in dem einen Topf Platz hat. Am „Eintopf“ hängt aber neben dem Geruch von Sparsamkeit auch noch die Witterung des Tausendjährigen Reiches. Er sollte eine Art Sparkasse der Nation sein, mit öffentlicher Verpflichtung für jedermann.

Es war aus verschiedenen Gründen nicht ratsam, diese Verpflichtung zu umgehen. Im Lauf der Zeit entwickelte sich auch bei einem ganz privaten und unbeobachteten Esser ein gewisses Schamgefühl, wenn er ohne Eintopf schwelgen wollte. Jenseits aller „Bewältigung der Vergangenheit“ ist es eine zulässige Frage, ob heute eine ähnliche Scham beim Essen bei irgendeiner Gelegenheit wirksam ist. Die geschichtliche Erinnerung ist kein Haar in der Suppe, die als Eintopf zu empfehlen ist.

Als „Pichelsteiner“ hat der Eintopf einen hohen Bekanntheitsgrad, beinahe Weltruhm erreicht. Eine wanderfreudige Herrenrunde sollte auf dem Büchelstein im Bayerischen Wald verpflegt werden. Dafür erfand 1847 eine kluge Wirtin im Tal eine schmackhafte Mahlzeit, die ohne große Umstände auf den Berg befördert werden konnte: Büchelstein = Pichelsteiner. Woraus sich ergibt, daß ehrliches Essen immer einen reellen Anlaß hat.

Haschee

(von Rindfleisch in Dosen oder von Rindfleischresten)

Zutaten:
1 Dose Rindfleisch („Sonderangebot") oder 200–250 g Rindfleischreste
20 g Butter
1 kleine Zwiebel
20 g Mehl
etwas abgeriebene Zitronenschale (ungespritzt)
1 Teelöffel Streuwürze
Pfeffer aus der Mühle
1 geh. Eßlöffel Petersilie, gehackt
1/8–1/4 l Wasser
2 Eßlöffel Rahm

Zubereitung:
Fleisch durch die Maschine drehen (das in der Dose angesammelte Fett entfernen). Zwiebel andünsten, Mehl und Fleisch zugeben, mit Wasser aufgießen, würzen. 10 Minuten durchkochen lassen, mit 3 Eßlöffel Rahm abschmecken.

Beilage:
Frisch gekochte Kartoffeln.

Tiroler Gröstl

Zutaten:
300 g Kartoffeln, gekocht, auch vom Vortag
150–200 g Rindfleisch, gekocht (Reste)
10 g Butterschmalz
1/2 Zwiebel
1 Ei
Salz
Kümmel
Pfeffer

Zubereitung:
Zwiebel in Scheiben schneiden, in Fett goldbraun rösten. Kartoffeln und Fleisch in feine Scheiben geschnitten hinzu-

geben, mischen. Das Ei mit einem Eßlöffel Wasser oder Milch verquirlt darübergeben, öfter wenden. Mit Kümmel, Salz und Pfeffer würzen.

AS:
Wie kommt die Tiroler Mahlzeit in ein bayerisches Kochbuch? Bayern und Tirol liegen zwar in verschiedenen Staaten, haben aber im Lebensstil mehr Gemeinsamkeit als ein Tiroler mit einem Wiener. Um den Appetit nicht durch falsche Gedanken zu beeinträchtigen: Diese Feststellung hat nicht die Absicht, das überholte großdeutsche Reich durch ein großbayerisches Bewußtsein zu ersetzen.
Das Tiroler Gröstl schmeckt gut, eignet sich für Resteverwertung, ist rasch fertig. Der Fleischgeschmack wird durch wenig Fleisch erreicht. Je weniger Fleisch untergemischt ist, um so größer ist die Freude der Entdeckung.

Szegediner Gulasch

Zutaten:
250–300 g Schweinefleisch
3 große Zwiebeln
20 g Butterschmalz
1 Pfund Sauerkraut
1 geh. Teelöffel Paprika, edelsüß
1 gestr. Teelöffel Rosenpaprika
1 Eßlöffel Tomatenmark oder 1 frische Tomate
1 geh. Eßlöffel Fleischbrühe-Instant
1 Prise Kümmel
2 Wacholderbeeren
2 Pfefferkörner
1 Apfel geschnitten
Salz
Zucker 1/2 Teelöffel
1 Teelöffel Mehl
1/8 l Rahm
3/8 l Wasser

Zubereitung:
Fleisch waschen, trocknen, in 3 cm große Würfel schneiden, in Butterschmalz scharf anbraten, Zwiebeln in Scheiben

geschnitten darin anrösten, Kraut, zerkleinerten Apfel und Gewürze zugeben, mit $^{3}/_{8}$ l Wasser aufgießen, fertiggaren. Mehl mit Rahm anrühren, in das Kraut geben und nochmal aufkochen lassen.

Beilagen:
Frisch gekochte Kartoffeln oder Teigwaren (Hörnchen).

Resteverwertung

Es gibt keinen Rest von gestern, der heute nicht eine neue Mahlzeit werden könnte. Aufgewärmtes Gemüse schmeckt manchen Leuten besser als das frischgekochte. Beim Sauerkraut gibt es sogar den Spruch, der hier nicht auf seine gesundheitliche Gültigkeit untersucht werden soll: „Je öfter, desto besser." Kartoffeln und Knödel können geröstet werden. Darüber hinaus kann aus Resten ein Essen entstehen, das in seiner Zusammensetzung auch ursprünglich so geplant sein kann. Die Verwertung von Resten kann die Fantasie beflügeln, Neues zu finden.

Pichelsteiner

Zutaten:
250 g Schweinefleisch
1 Zwiebel
3 g Butterschmalz
1 Pfund Kartoffeln
$^{1}/_{2}$ kleine Sellerieknolle
2 Petersilienwurzeln, mittelgroß
2 kleine Stangen Lauch
2 mittlere gelbe Rüben
Petersilien- und Selleriegrün, je 1 geh. Eßlöffel
Pfeffer aus der Mühle
2 geh. Teelöffel Fleischbrühe-Instant
$^{1}/_{8}$–$^{1}/_{4}$ l Wasser, je nach Beschaffenheit der Kartoffeln

Zubereitung:
Kartoffeln waschen, schälen, in Würfel schneiden, Sellerie, Petersilienwurzel, Lauch und gelbe Rüben in Scheiben schneiden, waschen, abtropfen lassen. Alle Gemüse und

Kartoffeln mit Fleischbrühe-Instant, wenn nötig Salz, Petersiliengrün und Selleriegrün mischen. (Bei dieser kleinen Menge rentiert es sich nicht, in Lagen zu schichten.)
Fleisch in Würfel schneiden (nicht salzen) und in heißem Butterschmalz von allen Seiten goldbraun braten, mit $\frac{1}{8}$ l Wasser aufgießen und 20 Minuten dünsten. Fleisch aus der Flüssigkeit nehmen, das vorbereitete Gemüse und Kartoffeln abwechselnd mit Fleisch wieder zurück in den Topf geben und langsam fertiggaren. Das Gemüse soll nicht zerfallen. Mit Pfeffer bestreut auf den Tisch bringen.

Suppenhuhn mit Nudeln

(für 4 Personen)

Zutaten:
1 Suppenhuhn, frisch oder gefroren
Wurzelwerk (gelbe Rübe, Sellerieknolle, Petersilienwurzel)
$1\frac{1}{2}$ l Wasser
1 Zwiebel, auf der Herdplatte gebräunt
Petersilienstengel
3 Pfefferkörner
Salz
200 g Suppennudeln
1 geh. Teelöffel Hühnerbrühe-Instant

Zubereitung:
Frisches oder aufgetautes Huhn waschen. Wasser mit Innereien, Wurzelwerk, der abgebräunten Zwiebel, Petersilienstengel, Hühnerbrühe-Instant und Salz zum Kochen bringen, Huhn einlegen. Langsam weichkochen. Huhn zerlegen, Fleisch von den Knochen lösen, je nach Geschmack Haut vom Fleisch entfernen, in Stücken in die Suppe legen. Nochmals abschmecken.
Nudeln in Salzwasser ca. 5 Minuten kochen, in die Suppe geben. Mit geschnittener Petersilie und Schnittlauch anrichten.

AS:
Ich weiß, daß es manchen Menschen beim Anblick der lockeren Hühnerhaut den Magen umdreht. Mir dreht es die Seele um, wenn die Haut weggeworfen wird.

Wenn das einfache Leben Mode würde…

Kleine Autos, ein ebenso bescheidenes wie kaltes Buffet, eine Urlaubsreise, deren Schwerpunkt beim Urlaub, nicht bei der Reise liegt – dies und noch einiges dazu ist in dem Augenblick keine Frage mehr, wo dies und noch einiges dazu Mode wird. Die Bedingungen für die Entstehung einer solchen Mode scheinen gegenwärtig günstig; denn wer herzeigen will, daß an ihm etwas daran ist, muß das jetzt – und künftig wahrscheinlich noch mehr – auf andere Weise als bisher üblich nachweisen.

Auf den Maßstab eines Kochbuchs verkleinert heißt das: Ich esse das Einfache, was mir schmeckt und mir bekommt, nicht den Luxus, den ich, nachdem ich ihn zu einer gestrigen Mode degradiert habe, dann auch nicht mehr durch Tabletten und Tropfen korrigieren muß.

DIE BROTZEIT

Die Brotzeit hat ihre eigene Geschichte und ihre eigenen Gesetze. Im bäuerlichen Tagesablauf war der zeitliche Abstand vom Beginn der Arbeit bis zum Mittagessen zu lang, auch wenn das Mittagessen schon um 11 Uhr auf den Tisch kam. Also mußte eine kleine Stärkung dazwischengeschoben werden, die Brotzeit, wie ihr Name sagt: Brot – bescheiden. Auch für industrielle Arbeitnehmer ist diese Brotzeit als geradezu „heiliger" Brauch geblieben. Um 9 Uhr ist sie fällig, wenn nicht die Welt – bildlich gesprochen – gerade untergeht. Für die Brotzeit gibt es auch keine Stechuhr, ihr blieb ein Rest von Gemütlichkeit.

Für einen Fremden, der auf dem Land oder auf dem Bau eine bayerische Brotzeit alter Art erlebt, ist eine Erklärung anzuhängen. Auch in Bayern ißt man normalerweise mit Messer und Gabel, die Brotzeit unter Umständen aber bloß mit einem besonderen Messer, dem Stilett. In der bayerischen Lederhose gab und gibt es dafür sogar ein eigenes Fach. Dieses Messer ist spitz, eignet sich zum Aufspießen von Fleisch und Brot.

Für die „klassische Brotzeit" eignet sich viel, aber nicht alles. Preßsack oder Geselchtes oder Weißwürste oder Leberkäs, zusammen mit trockenem Brot, stehen außerhalb jeden Zweifels. Die folgenden Vorschläge sind im Zusammenhang mit dem ganzen Kochbetrieb ausgewählt, sozusagen als „Abfälle". Aber es lohnt sich, sie auszuprobieren.

Obatzter

(Brotaufstrich)

Zutaten:
200 g Käsereste alle Sorten
50 g weiche Butter
1 kleine Zwiebel, in Würfel geschnitten
1 kleine Zehe Knoblauch, zerdrückt
Paprika
Kümmel
Pfeffer, frisch aus der Mühle
Streuwürze je nach Geschmack

Zubereitung:
Käsereste durch den Wolf drehen oder im Mixer zerkleinern. Zwiebel nicht in den Mixer, wird bitter. Alle Zutaten gut verrühren. Mit Schnittlauch bestreuen. Kein Obatzter gleicht dem anderen, jeder ist ein kleines Abenteuer.

Diät-Obatzter

Zutaten:
½ Pfund Topfen, mager
1 Würfel Weißlacker Käse
1 kleine Zwiebel
1 kleine Zehe Knoblauch
Paprika
Kümmel
Pfeffer, frisch aus der Mühle
Streuwürze je nach Geschmack

Zubereitung:
Wie bei „Obatzter".

Schweinefett mit Grameln

(Grieben)

Zutaten:
1½ Pfund Nierenfett vom Schwein
½ Apfel
1 große Zwiebel, halbiert

Zubereitung:
Fett waschen, trocknen, in Stücke schneiden, durch die Maschine drehen, im Topf langsam erhitzen. Wenn das Fett ziemlich ausgetreten ist, Hitze erhöhen, öfter umrühren, bis die Grameln hellgelb sind. Kurz vorher noch ½ Apfel und die Zwiebel 2 Minuten mitbraten lassen, wieder entfernen. Fett etwas abgekühlt mit den Grameln in ein Steingutgefäß abfüllen, kühl stellen. Mit Salz und Pfeffer gewürzt ist dies ein intensiver Brotaufstrich.

AS:
Weil es so intensiv schmeckt, kann man sparsam damit umgehen und muß den Genuß dann nicht bereuen. Übrigens auch prima bei jugendlichen Parties.

Kronfleisch

Zutaten:
300 g Kronfleisch
Zwiebel
2 Stengel Petersilie
½ l Wasser
1 geh. Teelöffel Fleischbrühe-Instant
Salz
Pfeffer aus der Mühle

Zubereitung:
Kronfleisch waschen, in kochendem Wasser mit Zwiebel, Petersilie, Fleischbrühe-Instant und Salz 20–30 Minuten leicht kochen lassen. Zu dieser Suppe ißt man Schwarzbrot, zum Kronfleisch, mit Salz und Pfeffer gewürzt, ebenso.

AS:
Eine Brotzeit für Kenner.

„Ich bin hungrig gewesen, und ihr habt mich gespeist. Was ihr getan habt einem unter meinen geringsten Brüdern, das habt ihr mir getan.“ (Matthäus 25,35.40.)

Die Pause

Der Kräfteverschleiß, der eine Pause notwendig macht, ist heute nicht mehr so groß wie zu Großvaters Zeiten, aber die Hektik des Lebens hat um ein Vielfaches zugenommen. Manche Leute empfinden es als Schmälerung ihres Ansehens, wenn sie es nicht eilig haben. Eine gespielte Hektik ist außerdem ein bewährtes Mittel, um einen zu aufdringlichen Arbeitgeber zugleich zu befriedigen und zu betrügen. Deshalb Respekt vor der legalen Brotzeit, die der ehrlichen Arbeitslast zusteht und zugleich die Heuchelei eines rastlosen Einsatzes überflüssig macht.

Ein sehr willkommener Effekt der Brotzeit ist, daß sie die Arbeitszeit eines Tages aufgliedert. Um 7 Uhr kann ein Arbeiter – seltsamerweise wird diese Berufsbezeichnung heute fast als Kränkung empfunden; oder steckt hinter dieser Scheu die unbewußte Ehrlichkeit, daß nicht jeder Arbeitnehmer den Namen „Arbeiter" verdient? – an die Brotzeit um 9 Uhr denken. Dann an die Mittagspause, und dann an den Feierabend bzw. an die Verkehrsprobleme während der Stoßzeit.
Daß nicht jede Tätigkeit eine Brotzeit-Rast verdient, ist leichter hinzunehmen als die Abschaffung der berechtigten Pause.

Sülze

Zutaten:
2 Schweinsfüßerl
1 Sauschwanzerl
1 Schweinsohr
300 g mageres Wammerl
Wurzelwerk (gelbe Rübe, Sellerieknolle, Petersilienwurzel)
Zwiebel, mit 2 Gewürznelken besteckt
Zitronenschale (ungespritzt)
½ Lorbeerblatt
1 geh. Eßlöffel Fleischbrühe-Instant
Salz
1 l Wasser
⅛ l Essig
Pfeffer aus der Mühle

Zubereitung:
Alle Zutaten waschen, in Essigwasser mit den Gewürzen weichkochen. Schweinsfüßerl nicht zerkleinern, (wegen der kleinen Knochensplitter) nur halbieren. Fleisch von den Knochen lösen, Schweinsohr, Sauschwanz und Wammerl in Stücke schneiden, auf Teller oder in Schüsseln verteilen. Sülze durchseihen, erkalten lassen, Fett abnehmen. Sülze nochmals flüssig machen, nochmals abschmecken, soll sehr kräftig gewürzt sein. Über das Fleisch gießen und erstarren lassen. Mit Pfeffer überstreuen.

Saure Lunge

Zutaten:
1 Pfund Kalbs-, Schweine- oder Rinderlunge

Zum Kochen:
2 l Wasser
Salz
1 Zwiebel, halbiert, mit je 1 Gewürznelke besteckt
1 Streifen Zitronenschale
½ Lorbeerblatt
Wurzelwerk (gelbe Rübe, Sellerieknolle, Petersilienwurzel)
⅛ l Essig

Zur Soße:
30 g Butterschmalz
40 g Mehl
1 Teelöffel Zucker
¾ l vom Kochwasser
1 geh. Teelöffel Streuwürze

Zubereitung:
Lunge waschen, in gewürztem Wasser zusetzen, weichkochen. Lunge aus dem Wasser nehmen, in einer Schüssel beschweren, erkalten lassen, nudelartig schneiden.
Mittelfarbige Einbrenne herstellen, mit der Brühe aufgießen, ¼ Stunde durchkochen, geschnittene Lunge zugeben, abschmecken.

Beilagen:
Semmelknödel oder frisch gekochte Kartoffel.

Anmerkung:
Lunge gibt es jetzt sehr oft schon geschnitten, gewürzt und gekocht beim Metzger zu kaufen. Es muß also nur noch die Soße hergestellt werden. Sollte die Lunge zu essigscharf sein, kann man den Schaden durch Waschen beheben.

„Ich kann beides: satt sein und hungern, übrig haben und Mangel leiden. Ich vermag alles durch den, der mich mächtig macht, Christus."
(Philipper 4,12–13.)

Zeit ist Geld

Kochen lernen kostet Zeit. Wer sich in einen solchen Lernprozeß einläßt, muß mit Enttäuschungen rechnen, auch mit Entbehrungen, weil er zunächst einmal auf andere Lustbarkeiten der Freizeit verzichten muß, wenn er für die Lustbarkeit des Essens üben will. Hier bewährt sich die bayerische Küche, weil sie zwar sehr schmackhaft ist, aber aus einfachen Rezepten besteht und leicht zu kontrollieren ist. Wer will dagegen nachweisen, ob und wie bei den künstlich zusammengebastelten Gerichten, die mitunter tatsächlich gerichtlich verfolgt werden müßten, Absicht und französische Namen und Effekt zusammenpassen? Also ist es richtig, die Lernzeit auf echtes Kochen zu richten, nicht auf die Künste einer durchgegangenen Fantasie.

Weil jeder vernünftige Mensch entweder Autofahren oder Schwimmen oder Fliegen lernt, nicht aber alles zu gleicher Zeit, ist es richtig, den Lernprozeß auf ein oder wenige Rezepte zu beschränken, bis man diese beherrscht, und dann erst nach weiterer Entwicklung zu trachten. Die bei mehr und mehr Rezepten erworbene Sicherheit wird sich außer im Geschmack mehr und mehr in Zeitersparnis ausdrücken. In dieser Zeitersparnis liegen zwei Möglichkeiten. Man kann erstens auch dann gut kochen, wenn die Zeit „eigentlich“ dafür nicht reicht (Berufstätige!). Und man hat zweitens mehr Zeit, das gute Essen aufmerksamer und langsamer zu genießen.

142

VOR 60 UND MEHR JAHREN

Im Durchschnitt geht es uns heute so gut wie nie zuvor. Bei dieser Feststellung muß jedes Wort genau genommen werden. „Uns“ – in einigen Gegenden unserer Erde würde das niemand sagen. „Heute“ – niemand weiß, wie es morgen sein wird. Und daß man das nicht weiß, hat sich als verdrängte Sorge tief in das unbewußte Lebensgefühl der Menschen eingefressen. „Im Durchschnitt“ – dazu gehört die Armut wie der Luxus. Armut ist in unserem Staat noch erträglich, wenn sie in vorhandene Gesetze und Bestimmungen paßt. Wer freilich für sein Elend keinen Paragraphen findet, muß den erfreulichen „Durchschnitt“ als Hohn empfinden.

Aber selbst die unterste Markierung heutiger Not wäre vor 60 Jahren ein wünschenswerter Zustand gewesen. Man denke: Vor 60 Jahren! Nach früherer Lebenserfahrung rechnete man 30 Jahre für eine Generation. Durch medizinischen Fortschritt kann man heute eine Generation auf 60 Jahre ausdehnen. Der kurze Rückblick auf die Zeit vor 60 Jahren ist in jeder Hinsicht kurz.

Erste Familie

Mietwohnung nahe Salzburg an der bayerisch–österreichischen Grenze, kein Besitz.
Küchenzettel: Zum Frühstück ein Brei aus Maismehl (Polenta), mit Wasser, Salz und manchmal auch ein wenig Zucker angerührt. Selten gab es Malzkaffee. Mittags: Pfannkuchen aus Roggenmehl mit einem Gemisch aus Milch und Wasser angerührt, wie immer: mit wenig Fett. Wenn die Kinder Äpfel betteln oder stehlen konnten, gab es ein Kompott, gesüßt mit Saccharin. Hie und da wurde ein dicker Maisbrei gekocht, auf ein Brett gestrichen und in Schnitten herausgebacken.
Abwechslung gab es in und nach der Ernte durch alle Krautsorten. Für die „geriebene Teigsuppe" wurde ein harter Teig in kochendes Wasser eingebröselt. Ganz selten kamen „Schneidnudeln" auf den Tisch: ein Teig aus den immer gleichen Zutaten dünn ausgewalkt, in Streifen geschnitten, in Salzwasser gekocht. Das Kartoffelgulasch bestand aus Kartoffeln, mit Paprika so gewürzt, daß es wie „echt" aussah, und mit einer Art Soße aus Mehl und Wasser übergossen.
Abendessen: Malzkaffee und ein Stück trockenes Brot.
Wenn es am Sonntag überhaupt Fleisch gab, dann für 5–8 Personen etwa 1 Pfund, gedünstet oder gebraten. Die Kartoffeln wurden in die unendlich verlängerte Soße getan.

Zweite Familie

„Gütler", ein schon etwas gehobener bäuerlicher Betrieb im Bayerischen Wald. Gewirtschaftet wurde mit einigen Kühen und ein paar Ochsen. Diese Familie steht zwar sozial erheblich über der vorhin genannten, aber die schlechten Bodenverhältnisse im Bayerischen Wald erlaubten auch für „bessere Leute" keine großen Sprünge.
Der Küchenzettel richtete sich deutlich nach der Jahreszeit. Im Sommer bestand das Frühstück aus Milch und Brot, vormittags – wegen der Erntearbeit – gab es eine Suppe. Mittags Knödel mit Kohlrabi oder Schwammerl oder Kren (Meerrettich). Nachmittags: Milchsuppe und Brot, manchmal Kompott aus Holler, Birnen, Zwetschgen und Äpfel.

Abends: „Grejs“, Kornbrei aus Roggen, in der Schrotmühle gemahlen, das Mehl wurde weggesiebt. Im Winter fiel, außer beim Dreschen, wegen der geringeren Arbeitsleistung die Brotzeit am Vormittag und am Nachmittag weg. Morgens aufgeschmalzene Brotsuppe, weil die Milch knapp war. Eine der Jahreszeit angepaßte Besonderheit war die „Hiagstsuppe“ (Herbstsuppe). Saure Milch wurde in einem Faß gesammelt und besonders behandelt, war aber nur während der kalten Jahreszeit haltbar.
Schmalznudeln gehörten zur Kirchweih. An Weihnachten wurde ein Schwein geschlachtet. Solange der Vorrat reichte, gab es dieses Fleisch nicht bloß an den Sonntagen, sondern gelegentlich auch unter der Woche.

Gemessen an heutigen Ansprüchen waren diese beiden Küchenzettel fast gleich dürftig, untereinander verglichen waren die Mahlzeiten armer und weniger armer Leute wahrscheinlich deutlicher unterschieden als die heutigen Essensgewohnheiten der sozialen Schichten.
Bei näherem Zusehen entdeckt man aber auch in der damaligen armen Kost die meisten Elemente, die ein Mensch nach heutiger Gesundheitsforschung braucht.

Das Gesinde

aß zwar in der gleichen Stube wie die Herrschaft, aber an einem anderen Tisch, und manchmal auch ein anderes Essen.
„Au“, sagte der Knecht, „jetzt habe ich in meinem Knödel auf eine Eierschale gebissen.“
„Das ist unmöglich“, verteidigte die Bäuerin die Reinlichkeit ihrer Küche.
Und somit wußte der Knecht, was er geahnt hatte, aber noch genauer wissen wollte.

Wohlstand

Wenn jemand als Ursache gegenwärtiger Lebensschwierigkeiten gar nichts anderes einfällt, kann er immer noch dem Wohlstand alle Schuld zuschieben, die er sonst nicht unterzubringen vermag. Wenn Wahrheiten zu allgemeinem Geschwätz degradiert werden, werden sie unwirksam. Man muß sie dann aus dem Geschwätz wieder herausholen.
Wer wenig zu essen hat, muß kaum Übergewicht und Herzinfarkt fürchten. Daß Not beten lehren kann – freilich auch fluchen –, ist eine alte Weisheit. Wer hungert, trachtet nach Brot und erlebt Sattheit als Glück, er fragt nicht nach dem Sinn des Lebens und hat somit ein Problem weniger.
Ein Kochbuch mit Rezepten, die auch in Notzeiten noch brauchbar sind, möchte unter anderem an den richtigen Gebrauch des Wohlstands erinnern. Wer die verführerische Macht des Wohlstands kennt, mag dieses Ziel für ein Buch als Größenwahn bezeichnen. In diesem Fall aber ist ein zu hohes Ziel besser als Resignation.

AUSFLUG NACH DEUTSCHLAND

Wenn Urlauber oder Durchreisende nach Bayern kommen, bringen sie – immer, häufig, manchmal – positive und negative Vorurteile mit. Die Erwartung einer ständig jodelnden Gemütlichkeit mischt sich mit einer etwas ängstlichen Vorstellung von uriger Kraft und einem hochmütigen Urteil über die bayerische Intelligenz und Sprache. Wahrscheinlich käme nicht einmal durch eine exakte Meinungsumfrage deutlich heraus, warum gewachsene Bayern nicht selten diese genannten Vorurteile auch noch unterstützen. Tarnung, Selbstschutz oder die Lust, zur Gaudi so zu tun, als ob man geprügelt würde?

Der Satz, daß der kürzeste Weg nach Hause der um die ganze Welt sei, ist übertrieben, enthält aber einen großen Kern an Wahrheit. Deshalb sind auch einem echt oder propagandistisch in seine Eigenart verliebten Bayern Ausflüge nach Deutschland zu empfehlen. Dabei ist nicht bloß, aber auch, an das Essen gedacht, das entgegen einer modernen Fehleinschätzung und Entartung ebenso zur Kultur gehört wie die anderen Ausdrucksmöglichkeiten menschlicher Existenz, von denen viel mehr und viel vornehmer die Rede ist.

Nachstehend einige Rezepte, die von „Zugereisten“ als Erinnerung an ihre frühere Heimat und zugleich in Respekt vor der bayerischen Küche zu diesem Buch beigesteuert wurden.

Grüne Sauce

Zutaten:
1/8 l Olivenöl
2 Eßlöffel Essig oder Zitronensaft
1 Eßlöffel Schnittlauch, feingehackt
1 Eßlöffel Sauerampfer, feingehackt
1 Eßlöffel Petersilie, feingehackt
1 Eßlöffel Bohnenkraut, feingehackt, oder 1 Teelöffel getr. Bohnenkraut
1 Eßlöffel Brunnenkresse, feingehackt
1 Eßlöffel Dill, feingehackt, oder 1 Teelöffel getr. Dill
1 Eßlöffel frischer Estragon, kleingehackt, oder 1 Teelöffel getr. Estragon
1 Eßlöffel Kerbel, kleingehackt
1 Eßlöffel Zwiebel, kleingehackt
1 Eßlöffel Porree, kleingeschnitten ohne Grün
1/4 Teelöffel Zucker
1/2 Teelöffel Salz
1/4 Teelöffel frisch gemahlener schwarzer Pfeffer
2 hartgekochte Eier, feingehackt

Zubereitung:
Öl, Essig oder Zitronensaft in einer Schüssel gut verrühren. Alle Kräuter und Gewürze dazurühren. Zuletzt werden die fein gehackten Eier vorsichtig untergehoben. Die Sauce wird zu kaltem oder heißem Fleisch gegessen.

Labskaus

Zutaten:
70 g Salzheringsfilets
1 1/2 Pfund Kartoffeln, ungeschält
45 g Schmalz
400 g gepökelte Rinderbrust ohne Fett, in 1/2 cm große Würfel geschnitten
1 1/2 Tassen feingehackte Zwiebeln
Frisch gemahlener Pfeffer
Gemahlene Muskatnuß

Zubereitung:
Die Heringsfilets mindestens 12 Stunden wässern, Wasser öfters erneuern, dann waschen, mit Küchenkrepp trocknen, klein schneiden. Die Kartoffeln weichkochen, schälen und durch eine Kartoffelpresse geben. Im Topf 45 g Schmalz heiß werden lassen, zerkleinerte Heringsfilets, Fleisch und Zwiebeln zugeben und ca. 20 Minuten unter häufigem Rühren auf kleiner Flamme garen. Zuletzt die Kartoffeln, Pfeffer und Muskatnuß hineingeben. Sollte das Haschee zu trocken sein, kann man es mit etwas Wasser geschmeidiger machen. Labskaus kann mit einem gekochten Ei oder einem Spiegelei und mit sauer eingelegten roten Beeten serviert werden.

Betenbartsch

(für 4 Personen)

Zutaten:
750 g Suppenrindfleisch
1 Rinderknochen
Salz
1 Bund Suppengrün
3 Zwiebeln
5 Gewürzkörner
2 Lorbeerblätter
500 g rote Bete (Rüben)
1–2 Eßlöffel Essig
1 Eßlöffel Majoran, gerieben
2 Eßlöffel Mehl
1/8 l saure Sahne
1 Eßlöffel süße Sahne
1 Eßlöffel Zucker

Zubereitung:
Das Fleisch und die Knochen waschen und in kaltem Wasser aufsetzen. Suppengrün, gepellte Zwiebeln, Gewürze hinzugeben. Eine Brühe kochen. Man kann auch 1–2 Brühwürfel hinzugeben. Die roten Bete werden unter fließendem Wasser gut abgebürstet und in Wasser ungeschält weichgekocht. Dann schälen, reiben und mit dem Essig begießen. Die

rote Farbe soll erhalten bleiben. Wenn nun das Fleisch gar ist, herausnehmen, die Brühe wird dann durch ein Sieb gegossen, mit dem Bete-Mus und dem Majoran noch einmal durchgekocht (5 Minuten). Den Bartsch mit Sahne und Mehl binden und mit Essig, Zucker und Salz abschmecken. Zum Schluß kommt das kleingeschnittene Fleisch hinein. Dazu werden Salzkartoffeln (mehlige) gereicht, die in die Suppe gelegt werden (können).
Anstatt der Rindfleischbrühe kann man das Bete-Mus auch mit ausgebratenem Speck anmachen.

Der Hunger des Nächsten

Wer satt ist, kann sich in diesem Zustand nur schwer vorstellen, daß er Hunger hatte und wieder haben wird, oder daß ein anderer Hunger hat. Das ist eine gewisse Entschuldigung für ein Verhalten, das man als extreme Hartherzigkeit mißverstehen kann. Weil ein Mensch den anderen immer bloß mit dem eigenen Maßstab mißt, deshalb hat Jesus die Nächstenliebe nicht von meiner Situation, nicht von meiner Laune, nicht von meinem Verständnis abhängig gemacht, sondern vielfach und deutlich und gelegentlich brutal als Gebot formuliert.
Aufmerksamkeit gehört zum Glauben, zur Gastfreundschaft, zum Kochen.

Holsteiner Bohnentopf („Birnen, Bohnen und Speck“)

Zutaten:
2 Pfund Brechbohnen
1 Pfund Schinkenspeck
2 Eßlöffel Fett
3 Tassen Brühe
1 Pfund Birnen
Gewürz
gehackte Petersilie

Zubereitung:
Bohnen waschen und ein- bis zweimal brechen. Speck in grobe Würfel schneiden und in etwas Fett anbraten. Wasser darübergießen, Bohnen dazulegen und die ungeschälten, von Blüten und Stiel befreiten Birnen darüber. Das Gericht ohne Umrühren 1 Stunde im geschlossenen Topf gar dünsten. Mit Salz und Pfeffer abschmecken, Petersilie überstreuen. Die Birnen sollen unzerkocht auf dem Gemüse angerichtet werden.

Westfälischer Pfefferpotthast

Zutaten:
1 Pfund kurze Rippe, Brust oder Zungenstück vom Rind, in 5 cm große Stücke geschnitten
Salz
frisch gemahlener schwarzer Pfeffer
15 g Schmalz
1 Pfund Zwiebeln, in 1/2 cm dicke Scheiben geschnitten
1 Stückchen Lorbeerblatt
1 Messerspitze zerstoßene Gewürznelken
1/2 l Wasser
1 1/2 Eßlöffel Roggenbrotkrumen
1 Teelöffel Kapern
1 Eßlöffel Zitronensaft
etwas feingeriebene frische Zitronenschale

Zubereitung:
Fleisch mit Salz und Pfeffer bestreuen, in sehr heißes Schmalz geben und von allen Seiten gleichmäßig braun anbraten. Fleisch aus dem Topf nehmen. In das verbliebene Fett gibt man die Zwiebeln, rührt sie etwa 5 Minuten im Topf, bis sie weich und glasig sind. Das Lorbeerblatt und die Gewürznelken dazugeben und mit Wasser ablöschen. Alles zum Kochen bringen, Bratenansatz vom Topf abkratzen. Fleisch wieder in den Topf geben und ca. 1½ Stunden schmoren lassen. Das Fleisch aus dem Topf nehmen und warmstellen. Das Lorbeerblatt aus der Soße entfernen, Fett abschöpfen. Brotkrumen, Kapern, Zitronensaft und Zitronenschale unterrühren, zum Kochen bringen und bei kleiner Flamme 1–2 Minuten ziehen lassen. Das Gericht soll scharf pfeffrig sein. Die Soße über das Fleisch geben.

Improvisation

Es passierte uns öfter als einmal und es wird auch wohl weiterhin passieren, daß ½ Stunde vor dem Mittagessen eine Schar von 4–8 Personen uns überraschend besucht und also verpflegt werden muß. Dann wird entweder eine entsprechende Menge von Erbstwurstsuppe rasch gekocht oder eine vorhandene Suppe „gestreckt", durch einige Zutaten geschmacklich aufgewertet. Dann werden geräucherter Speck oder Wiener Würstl auf- und hineingeschnitten – die Menge ist für die Gäste nicht genau feststellbar – und ein Stück Brot dazugelegt. Dieses Essen ist rasch fertig, außerdem kommt man beim Aufdecken und beim Abwaschen mit einem Teller und einem Löffel aus. Auch eine unerwartete Anerkennung kann in einer solchen Mahlzeit schlummern durch das Lob der Gäste und die Erkundigung eines Feinschmeckers nach dem Rezept. Weder das Lob noch die Erkundigung muß man als übertriebene Höflichkeit verstehen – denn wo bekommen Sie eine solche Suppe, wenn Sie diese Suppe nicht selbst kochen?

„Selig sind, die da hungert und dürstet nach der Gerechtigkeit; denn sie sollen satt werden." (Matthäus 5,6.)

Grünkohl mit Kassler

Zutaten:
1 Paket gefrorenen Grünkohl
3 Eßlöffel Schmalz
1 Zwiebel, klein geschnitten
1 Prise Zucker
1/16 l Brühe
300–400 g Kassler-Nacken im Stück
nach Belieben Kohlwurst, durchwachsenen Bauchspeck, Bregenwurst oder pommersche Mettwurst

Zubereitung:
Den Grünkohl mit Schmalz, Zwiebeln, Brühe und Gewürzen ca. 50 Minuten dünsten. Die Flüssigkeit muß fast verkochen. Das Fleisch und die Wurst im Gemüse garen lassen.
Dazu reicht man Röstkartoffeln, wer es mag, kann eine Prise Zucker an die Röstkartoffeln geben.

Himmel und Erde

(für 4 Personen)

Zutaten:
2 geh. Teelöffel Zucker
1 Teelöffel Salz
1 Prise frisch gemahlener schwarzer Pfeffer
1/4 l Wasser
1 1/2 Pfund Kartoffeln, geschält und in 2 1/2 cm große Würfel geschnitten
1/2 Pfund Äpfel, geschält, ohne Kernhaus, in 4 Teile geschnitten
1/4 Pfund magerer Speck, in 1/2 cm große Würfel geschnitten
1 mittelgroße Zwiebel, geschält, in Scheiben geschnitten und in Ringe zerlegt
1/2 Teelöffel Apfelessig

Zubereitung:
Kartoffeln, Äpfel, 1/2 Teelöffel Salz, Pfeffer mit 1/4 l Wasser in einen Topf geben. Scharf ankochen und dann bei Mittelhitze

gar kochen. Kartoffeln sollen nicht zerfallen. In der Zwischenzeit den Speck bei Mittelhitze anbraten, bis er schön knusprig braun ist. Speck zum Abtropfen auf Küchenkrepp legen. Die Zwiebelringe in das zurückgebliebene Speckfett geben und bei Mittelhitze 8–10 Minuten garen, bis sie weich und hellbraun sind. Kurz vor dem Auftragen ½ Teelöffel Salz und Essig unter die Kartoffeln und Äpfel rühren und abschmecken. Den Inhalt der Pfanne in eine Schüssel geben, obenauf Zwiebelringe und Speck legen.

Noch weiter hinaus

Ausflüge von einer Küche zur anderen, geschäftstüchtig geplant oder als Sieg des Geschmacks, gibt es auch international. Von der in Deutschland beheimateten Kochkunst genießt der bayerische Küchenzettel in Amerika und sonstwo das größte Ansehen. Diese Wertung ist, bei allem bayerischen Selbstbewußtsein, nur so zu verstehen, daß beim Essen auch die Vorstellung von Oktoberfest, Lederhose und Gamsbart beteiligt ist. Diese Einsicht bestätigt auf eine etwas merkwürdige Weise den im Buchtitel behaupteten Zusammenhang zwischen Leib und Seele.

156

AN MEINE FREUNDE UND AN LESER, DIE IHNEN GLEICHEN

Als ich einigen Freunden von der Absicht dieses Buches erzählte, äußerten sie die schärfste Kritik: Sie übten Nachsicht mit mir. Diese zunächst noch dezente Nachsicht wurde hinterher brutal durch die allseitige Verwunderung, daß sowohl „christlich" wie „bayerisch" wider Erwarten ernst zu nehmen sei. Auf diese Überraschung und Einsicht hoffe ich auch bei Ihnen, Genosse im Glauben und im Genuß, und möchte am Schluß einige Gedanken unterstreichen, die von Anfang an dabei waren.
Leben und Glaube haben ständig miteinander zu tun, aber der Zusammenhang ist nicht immer eindeutig zu erkennen, und manchmal überhaupt nicht. Wir sind – das ist eine biblische Erkenntnis – Gott sehr entfremdet, und er ist bei aller Liebe auf unsere Einsichten und Billigung nicht angewiesen. Es ist eine ständige Versuchung für den christlichen Glauben, daß er – gescheiter, als Gott ihm erlaubt – alle Zusammenhänge erkennen möchte.
Theologie ist die Rede von Gott, und im Gebet Rede mit ihm. In dieser Theologie gibt es dunkle Stellen, die nur durch Vertrauen erträglich sind. Ähnlich ist es übrigens auch zwischen Menschen: Ich kann den anderen nie ganz verstehen, aber ich kann ihn lieben. Wenn ich in meinem Verhältnis zu Gott diese Bescheidenheit des Glaubens nicht aufbringe, wenn ich alles durchschauen möchte, wird aus der Theologie eine Theo-logik, und das ist etwas völlig anderes. Diese „Logik" ist geradezu das Gegenteil von Glaube.
Ich kann für die Rezepte und Betrachtungen in diesem Kochbuch keinen jeweiligen Bezug zum Glauben herstellen. Es gibt keine Theologie der Knödel oder der aufgeschmalzenen Brotsuppe. Aber wenn der Zusammenhang zwischen Kochkunst – ich mache es mir mit Absicht schwer, indem ich auf die Feierlichkeit „Tägliches Brot" verzichte – und Glaube an manchen Stellen deutlich wird, kann ich diesen Zusammenhang getrost auch da annehmen, wo er weniger deutlich oder für mich überhaupt nicht erkennbar ist. Vorgänge, Erlebnisse, Schicksale können wie Menschen ohne Diskus-

sion nebeneinander stehen und doch in einem gemeinsamen Kraftfeld zusammengehören. Die meiste Zeit meines Lebens, wenn ich nur die Zeit messe, komme ich ohne Gott aus. Dies ist kein Grund für eine „fromme" Verzweiflung, solange das gottfremde Leben ihm an einigen Stellen so intensiv begegnet, daß ich den übrigen Zusammenhang glauben kann.
Mit der bayerischen Färbung des Buches verhält es sich so ähnlich. Ich kann nicht für jedes Rezept und nicht für jede Betrachtung eine typisch bayerische Herkunft nachweisen. Aber auch für diesen Teil im Titel des Buches reicht die eine oder andere überzeugende Stelle aus.
Und somit soll ein Kochbuch über den engeren Respekt vor dem täglichen Brot hinaus lehren, wie ein Mensch insgesamt an Gott glauben und unter ihm leben kann. Weniger zu wollen, wäre eine Ermäßigung des „Christlichen", und übrig bliebe nur eine unverschämte Betonung des „Bayerischen". So, lieber Genosse im Glauben und im Genuß, sollten wir es miteinander halten, wenn Sie es mit einem „Christlich-bayerischen Kochbuch" versuchen.

REGISTER